D1148134

RÉJEAN THOMAS

MÉDECIN DE CŒUR, HOMME D'ACTION

RÉJEAN THOMAS

MÉDECIN DE CŒUR, HOMME D'ACTION

LUC BOULANGER

PRÉFACE : ANDRÉ BOISCLAIR

LES ÉDITIONS
voix para//è/es

Catalogage avant publication de Bibliothèque et
Archives nationales du Québec et Bibliothèque et Archives Canada

Boulanger, Luc, 1963-
Réjean Thomas : médecin de coeur, homme d'action

ISBN 978-2-923491-11-0

1. Thomas, Réjean, 1955- . 2. Médecins du monde Canada (Association). 3. Clinique médicale l'Actuel. 4. Médecins - Québec (Province) - Biographies. I. Thomas, Réjean, 1955- . II. Titre.

R464.T452B68 2008   610.92   C2008-941467-5

DIRECTEUR DE L'ÉDITION
Martin Balthazar

ÉDITRICE DÉLÉGUÉE
Sylvie Latour

CONCEPTION GRAPHIQUE
Benoit Martin

PHOTO DE LA COUVERTURE 1
Karine Wade

PHOTO DE LA COUVERTURE 4
Nancy Lessard

RÉVISION
Sophie Sainte-Marie

© Les Éditions Voix parallèles

TOUS DROITS RÉSERVÉS

Dépôt légal – 3ᵉ trimestre 2008
ISBN 978-2-923491-11-0

Imprimé et relié au Canada

LES .ÉDITIONS
voix para//è/es

PRÉSIDENT
André Provencher

Les Éditions Voix parallèles
7, rue Saint-Jacques
Montréal (Québec)
H2Y 1K9
514 285-4428

L'éditeur bénéficie du soutien de la Société de développement des entreprises culturelles du Québec (SODEC) pour son programme d'édition et pour ses activités de promotion.

L'éditeur remercie le gouvernement du Québec de l'aide financière accordée à l'édition de cet ouvrage par l'entremise du Programme de crédit d'impôt pour l'édition de livres, administré par la SODEC.

Nous reconnaissons l'aide financière du gouvernement du Canada par l'entremise du Programme d'aide au développement de l'industrie de l'édition (PADIÉ) pour nos activités d'édition.

*À la mémoire de ma mère, Rita Chiasson,
décédée le 20 juin 2000. Cette Acadienne forte
et fière m'a enseigné les valeurs de justice sociale
et de solidarité.*

*À toute ma famille, mon père Arcade, ma sœur Monique
et mon frère Yolan, qui m'ont aimé tel que je suis et ont
toujours été présents pour moi.*

*À mes amis toujours disponibles dans les bons moments,
mais aussi les moments plus difficiles, qui m'ont soutenu
et encouragé tout au long de ma carrière.*

*À tous les malades dont je salue le courage et la
dignité. Merci de m'avoir fait confiance, de même qu'au
personnel de la clinique.*

*Merci à mes collègues et à mon équipe merveilleuse
de la clinique l'Actuel.*

Dr Réjean Thomas

couvert tout au long des pages combien l'élan de Réjean est pur, loin des quêtes de pouvoir et des intrigues. Non pas que j'en aie un jour douté, mais nous savons malheureusement que la vertu cède parfois le pas à l'ambition. De son dévouement envers ses patients atteints du VIH à son engagement pour Médecins du monde Canada, en passant par son saut en politique, l'inspiration n'est pas venue d'ailleurs que des enseignements de ses parents, de sa grande famille acadienne; de ses valeurs, de son humanisme, quoi. Pour ces raisons, je salue sa contribution et accepte sereinement certaines divergences d'opinions.

Réjean est un être sincère. Ce qui l'emporte dans l'estime que j'ai pour lui, c'est qu'un peu comme sa mère d'ailleurs, il ne s'est jamais lassé. Comme s'il était destiné à quelque chose de différent. C'est un combattant. Tel un coureur de fond, il persiste, sachant encore s'indigner alors qu'il serait si facile de céder au confort matériel que la vie lui procure aujourd'hui.

Un souvenir me revient, celui de Réjean à son retour d'une mission en Haïti, à Cité Soleil. Jamais je ne l'ai vu aussi fier et radieux qu'à ce moment-là. Ce projet a permis de traiter plus de 100 femmes enceintes, porteuses du VIH, et d'éviter ainsi la transmission du virus à l'enfant. Qui aurait cru que le « petit gars » de Tracadie sauverait un jour des vies, à 3000 kilomètres de chez lui ? Réjean, qui n'aura pas d'enfants à lui, possède, en plus de la sienne, une famille de coeur. Celle qu'il a créée d'instinct, à force de détermination. Voilà une des grandes réalisations de mon ami. Elle a donné du souffle à sa vie.

Sans doute est-ce pour toutes ces raisons que ses amis et moi avons toujours cherché à protéger ce qui pour Réjean est le plus précieux : l'amitié. Et parlons-en !

Être l'ami de Réjean Thomas n'est pas une mince tâche ! De retour d'un voyage à Paris en 1993, Réjean me recommande la lecture du livre de Francesco Alberoni, *L'amitié*. Je l'entends encore, dans l'avion, me lire un passage qu'il avait souligné : « Il est de l'amitié comme de la pureté; la moindre flétrissure suffit à en troubler la transparence ». Le ton était donné… L'amitié de Réjean Thomas n'est pas jetable ! Depuis ces années où j'ai aussi connu ses côtés plus abrupts, j'ai compris que l'homme est loin de n'être que la vedette admirée de certains. Son humanisme n'est pas plastique. Il s'incarne aussi dans la chair d'un être complexe, parfois sainement tourmenté par la solitude.

Avec lui, on peut chercher le réconfort, sans reproches et sans plaintes. Comme ce soir, à un moment difficile de la course à la chefferie du PQ, où il est venu m'offrir son réconfort avec mon frère et des amis. J'ai compris à cette occasion que son bonheur était aussi de voir les siens heureux. Le timide qu'il est, naïf, aime-t-il dire, construit des amitiés uniques, impérieuses : chacun doit y mettre beaucoup de soi. Réjean fait de l'amitié un lieu précieux et singulier. Il en fait des cathédrales, pour lui plus stables et moins fragiles que l'amour.

S'il accumule les prix et les hommages – dont le titre de Chevalier de l'Ordre du Québec ironiquement remis, après neuf années de gouvernement péquiste, des mains de l'actuel premier ministre, Jean Charest –, Réjean demeure pour nous, ses amis, un fidèle. Sous ses airs de rock star se cache l'enfant un brin susceptible, toujours fragile et parfois même vulnérable. Sa sincérité en fait un habile politique. Derrière les colliers d'argent griffés, un brin exubérant, Réjean cache aussi sa peur. Peur de ne pas en faire assez, peur de décevoir les siens, peur de la critique, peur de manquer de temps. Est-ce là l'expression d'une quête personnelle ? Au lecteur de se faire une idée. Une chose demeure cependant : son parcours n'est pas linéaire et sans épreuves. Sans doute est-ce pour cette raison que tant de Québécois l'admirent.

Ces dernières années, Réjean a su apprivoiser ses peurs. Son retour tranquille en terre acadienne lui a sans doute permis de se réconcilier avec des blessures de jeunesse. La sagesse et la modestie de son père Arcade, qui vit maintenant chez lui à Tracadie, le gagnent paisiblement.

Ce livre est un hymne à la volonté. Parfois, en regardant près de nous, un air de déjà-vu se dégage. Je sais que Réjean Thomas n'est pas seul et que partout au Québec, plus discrètement, d'autres agissent. Je pense aux bénévoles de Médecins du monde qui risquent leur vie chaque jour, à tous les membres de l'équipe de la clinique l'Actuel, tous aussi généreux que Réjean. D'une certaine façon, ils commandent son destin. À mes yeux, ils sont aussi des fondateurs d'espoir qui donnent un sens au mot *autrement*. Ils me tiennent éveillé.

N'ayons pas peur de célébrer leur succès. Le Québec ne s'est pas arrêté avec la révolution tranquille. Ses modèles peuvent aussi être gais, éduqués, à l'aise, aimer le champagne et travailler avec des toxicomanes !

Difficile, donc, de mettre une étiquette sur Réjean Thomas. Voilà pourquoi il est mon ami. Il continuera de nous étonner, de nous déranger. Il tient sa richesse dans son coeur.

Finalement, je sais qu'il a travaillé à ce livre pour vous donner, à vous aussi, le goût de créer, de changer le monde. Peut-être aussi pour vous encourager à persévérer… et à ne jamais baisser les bras.

Merci, Réjean !

André Boisclair
Saint-Donat, le 6 août 2008

AVANT-PROPOS

Dans l'omniprésent monde de la santé au Québec, Réjean Thomas est un médecin inclassable, atypique. Or, au Québec, les personnages atypiques deviennent souvent des héros dans leur domaine. Qu'on pense, pour ne citer que ces exemples, à cette chanteuse d'une famille de 14 enfants de Charlemagne, devenue star planétaire, ou à cet artiste de la rue des Échassiers de Baie-Saint-Paul, aujourd'hui président du Cirque du Soleil… Cela explique probablement le fait que, depuis un quart de siècle, les Québécois se sont attachés au « bon docteur Thomas ». Et qu'ils ont adhéré à ses causes, à ses combats.

Autant dans sa lutte contre le sida que dans son implication sociale, politique et humanitaire, son parcours, très médiatisé, fascine, émeut et interpelle. Les gens y voient un travail continu et acharné dont la mission est d'atteindre cette inaccessible, mais ô combien nécessaire, quête de justice sociale et d'égalité pour tous les hommes et les femmes de la Terre.

Au fil des ans, la curiosité du public envers son travail a donné à Réjean Thomas le goût de réfléchir à son passé, à son cheminement. Il s'est donc interrogé, lui aussi, sur les mêmes questions que le public lui pose parfois : d'où lui vient ce désir de combattre les préjugés envers les plus démunis, les laissés-pour-compte et tous les exclus du monde ? D'où lui vient sa soif de justice sociale ? Quel est le sens de son engagement et de son idéalisme ?

Croisement entre le récit biographique, le livre d'entretiens et le grand portrait d'un homme et de son parcours, *Médecin de cœur, homme d'action* est une invitation au voyage, en compagnie d'un libre-penseur. À 53 ans, Réjean Thomas ne prétend pas écrire ici sa biographie. Il fait plutôt son bilan avec un journaliste. Il nous confie ses croyances et ses convictions, ses peurs et ses doutes, sa vision du Québec, de l'Acadie et du monde.

Mais par-dessus tout, dans *Médecin de cœur, homme d'action*, le docteur Thomas nous communique sa passion inépuisable qui est à la source de son œuvre humanitaire. Une passion qui a été et qui demeure le véritable moteur de toutes ses actions.

Et croyez-moi, cette passion est terriblement contagieuse!

Luc Boulanger

PROLOGUE

LE MAL DE MÈRE

Le clocher de l'église de Saint-Isidore, au Nouveau-Brunswick, se confond avec le ciel triste et gris. Le village est désert, car le temps est frais pour un 1er juillet. En ce jour de la Confédération, peu de drapeaux canadiens bordent la route. Par contre, un drapeau tricolore orné d'une étoile jaune est omniprésent. Il s'agit du drapeau acadien, symbole de la fierté d'un peuple longtemps marqué par la misère et l'injustice. Partout, on voit ses couleurs : à l'entrée des villages, sur les poteaux le long des trottoirs, sur les façades des maisons, sur les pare-chocs des voitures… et même sur les cages à homards !

Réjean Thomas est venu me chercher à la gare de Bathurst, porte d'entrée de la péninsule acadienne au Nouveau-Brunswick. En route vers sa maison de Tracadie-Sheila, non loin de là, le docteur décide de s'arrêter à Saint-Isidore, son village natal. Devant l'église, il quitte le chemin principal, traverse un stationnement, puis se gare en silence près d'un cimetière, derrière la Caisse populaire.

À l'intérieur du cimetière, Réjean Thomas regarde les pierres tombales qui affichent des noms familiers en Acadie : Breau, Robichaud, Arsenault, Chiasson... Beaucoup de Chiasson. Il s'avance à travers les allées, en lisant les noms, puis soudain s'arrête devant une tombe :

Rita Chiasson
17 juin 1929 - 20 juin 2000

Alors le docteur Thomas se recueille. Je le regarde de loin, sans intervenir, comme pour ne pas troubler ce précieux moment d'intimité entre un fils et sa mère disparue. Réjean Thomas ne prononce pas un mot... Mais on voit bien qu'il lui parle, même si elle « dort son sommeil sous une humble pelouse », pour citer un poème de Baudelaire[1].

Il lui annonce peut-être la nouvelle du jour : la mort de la syndicaliste Mathilda Blanchard, une Acadienne entière et passionnée qui a été l'une des idoles de Rita Chiasson. Il lui confierait que le combat de cette femme

---

[1]   BAUDELAIRE (Charles). « La servante au grand cœur » dans *Les fleurs du mal.*

d'exception, au tempérament bouillant – surnommée « la Michel Chartrand des Acadiens » –, a pris fin ce matin même à Tracadie-Sheila. Et, hélas, il reste tant de luttes à mener pour apaiser la souffrance humaine.

Une chose est sûre : si Rita Chiasson et Mathilda Blanchard fraternisent quelque part dans l'au-delà, l'éternité ne sera plus jamais un endroit de tout repos !

Réjean Thomas est toujours silencieux au pied de la tombe de sa mère. Le temps semble suspendu. Et le passé resurgit : la modeste maison des Thomas en haut du rang de Tilley Road, le long chemin que le garçon empruntait chaque jour à pied pour se rendre à l'école, les soirées avec sa mère, à lire à la table de la cuisine ou à regarder la télévision. Il aimait ces soirées remplies de chaleur maternelle, pendant que son père travaillait dans des chantiers au Labrador, en Alberta ou ailleurs. Trop loin des siens.

Un commentaire de sa mère lui revient en tête :

« Souviens-toi d'une chose, mon p'tit gars. C'est pas parce qu'on est pauvres qu'on n'est pas intelligents ! » Cette affirmation, cette femme qui a vécu la Grande Crise l'a inlassablement répétée à son aîné. Tellement que Réjean Thomas en a fait, plus tard, sa devise.

La visite terminée, nous quittons le cimetière et re-prenons la route pour Tracadie-Sheila. Le clocher de

Saint-Isidore disparaît derrière les collines et, avec lui, les images du passé. Perdre sa mère, c'est perdre son enfance, dit-on. Pourtant, Réjean Thomas redécouvre aujourd'hui sa famille, son village, son pays…

Et peut-être aussi son enfance perdue.

L'ENFANT

Assis sur la terrasse chez sa sœur Monique, à Tracadie-Sheila, Réjean Thomas tourne les pages de l'album de famille. Il y a des lettres, des coupures de journaux acadiens ou québécois concernant sa carrière, ainsi que de vieilles photos aux couleurs délavées qui rappellent certaines scènes du film C.R.A.Z.Y. : les habits à carreaux et les cols de chemises pointus, les coupes de cheveux des années 1960 et 1970...

Monique Thomas est nostalgique en revoyant défiler les photos de leur enfance, de leur jeunesse. Elle retrouve une lettre qu'elle avait écrite pour souligner le 40ᵉ anniversaire de mariage de leurs parents, en 1992, et qu'elle avait lue au nom des « 3 petits trésors d'Arcade et de Rita ». « Tu sais, Réjean, un peu avant de mourir, maman m'a confié que les deux plus beaux cadeaux que la vie lui ait donnés ont été la naissance de ma fille Geneviève [sa première petite-fille] et les voyages qu'elle a faits avec toi... »

Réjean à 10 ans, assis au centre, dans le salon de la maison à Tilley Road,
avec son petit frère Yolan et sa grande sœur Monique.

Rita Chiasson Thomas, en voyage à Paris en 1988 :
« C'était la première fois que ma mère visitait Paris. »

Réjean à 7 ans, avec sa sœur sur la voiture de leur père à Tilley Road en 1962.

En 1991, avec le docteur Clément Olivier, un collègue et complice du début de la crise du sida. Les 2 médecins assistent à la 7ᵉ Conférence internationale sur le sida à Florence, en Italie.

Le docteur Thomas enlaçant ses deux bras droits de la clinique médicale l'Actuel :
Line Provost (à droite), directrice générale, et Ninon Daigle, son adjointe.

Les docteurs Danièle Longpré et Benoit Trottier, deux médecins de l'Actuel,
le soir du party de Noël de la clinique.

Réjean Thomas en compagnie du docteur Stéphane Lavoie, un collègue et ami.

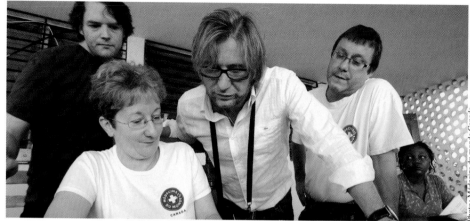

En Haïti, avec l'équipe de Médecins du monde Canada : André Bertrand (à droite), directeur général, le docteur Nicolas Bergeron (derrière à gauche), président, et Colombe Grenier, infirmière.

En 2004, en mission d'urgence pour les victimes de l'ouragan Jeanne aux Gonaïves, dans le nord d'Haïti, avec le directeur et le personnel de Médecins du monde Canada.

Avec les chanteurs Wilfred Le Bouthillier et Jean François Breau,
« les trois boys de Tracadie-Sheila ».

Photo : Médecins du monde Canada

Le docteur Thomas en mission au Zimbabwe, avec un jeune orphelin du sida.

En 1995, alors qu'il était conseiller spécial à l'action humanitaire pour le gouvernement du Québec, Réjean Thomas effectue sa première mission en Haïti.

À Cité Soleil, une petite Haïtienne, l'une des 108 enfants nés de mères séropositives, qui est en parfaite santé grâce au projet de Médecins du monde Canada.

Avec l'ex-premier ministre du Québec, Jacques Parizeau, qui aurait tant aimé voir le docteur Thomas se représenter en politique aux élections provinciales de 2007.

Durant le défilé de la Saint-Jean-Baptiste, en 1995, à 4 mois du référendum, avec l'ex-chef du Bloc québécois et du Parti québécois, Lucien Bouchard.

En mission au Brésil, en juillet 2007, en compagnie de la gouverneure générale du Canada Michaëlle Jean, de Jean-Daniel Lafond et de leur fille, le docteur Thomas assiste au spectacle d'une troupe de théâtre locale qui fait la promotion de la prévention du sida dans les écoles.

Photo : Sgt Eric Jolin (Rideau Hall)

L'ENFANT
Souvenirs de Tilley Road

Lors des soirées en famille, Rita Chiasson aimait raconter à ses enfants un rêve étrange et pénétrant : elle rêvait que leur maison de Tilley Road était détruite par un incendie. À ses yeux, ce rêve qui hantait ses nuits n'était pas un cauchemar… mais plutôt le symbole de son brûlant désir de fuir Tilley Road. À tout jamais !

Aujourd'hui, la maison où Réjean a grandi n'existe plus. Après le décès de son épouse, Arcade Thomas l'a vendue et, ironie du sort, elle a été détruite l'année suivante… par un incendie ! Seule la tonnelle où sa mère aimait se réfugier pour lire ou rêvasser est encore là, au bord du chemin, tel un témoin muet de l'époque où les Thomas habitaient ce modeste coin de terre, à l'autre bout du pays.

Tilley Road, c'est le nom d'un rang du village de Saint-Isidore, dans le nord-est du Nouveau-Brunswick.

C'est aussi un lieu évoqué avec fierté par les habitants de la région. À Tracadie-Sheila, là où Jean-François Breau et Wilfred LeBouthillier ont écrit leurs premières chansons, tout le monde connaît le docteur Thomas. On l'arrête sans cesse dans la rue pour le saluer. À l'instar des Montréalais qui aiment souligner que, par exemple, Yvon Deschamps vient de Saint-Henri ou que Michel Tremblay a grandi sur le Plateau-Mont-Royal, les Acadiens du Nouveau-Brunswick sont fiers de dire que Réjean Thomas est « un p'tit gars de Tilley Road ».

Réjean Thomas est le deuxième enfant d'Arcade Thomas et de Rita Chiasson. Il a une sœur de trois ans son aînée, Monique, et un frère cadet, Yolan. Leur père était charpentier. Il devait s'exiler loin de Tilley Road pour avoir du boulot et soutenir sa famille. Si les Thomas n'étaient pas dans la misère, l'argent était souvent source d'insécurité.

Nous ne manquions de rien... sauf que nous n'étions pas riches. Quand mon père était sans travail, mes parents attendaient le chèque d'assurance-chômage avec impatience... Mais je me souviens aussi de périodes de relative abondance. Surtout à Noël. Ma mère cuisinait plein de bonnes choses pour nous, et on recevait de beaux cadeaux de mon père (qu'on appelle encore affectueusement Dada) quand il revenait du chantier durant les congés des fêtes.

Des fruits, des fleurs

Par contre, tout autour de Tilley Road, il y avait la nature, leur plus grande richesse.

Ma mère s'occupait des fleurs et du jardin. À l'occasion, mon père tendait quelques collets aux lièvres pour que maman en fasse des pâtés et de la soupe, la meilleure soupe au lièvre du monde ! Nous avions aussi des cochons qui ne cessaient de se sauver et qu'on pourchassait sur la route ! On ne mangeait pas de homard ni de crabe, c'était bien trop cher. On mangeait plutôt de la morue, du hareng, de l'éperlan ou de la truite.

À Noël, maman vendait des sapins que papa abattait sur notre terrain. L'été, en famille, nous cueillions des bleuets dans les champs autour de la maison, puis on les vendait à des fournisseurs pour arrondir les fins de mois. Je mangeais plus de bleuets que je n'en cueillais... au grand dam de ma mère et de ma sœur.

Ma mère était une femme très fière. Jamais elle ne sortait de la maison sans être bien habillée et bien coiffée. Elle aimait beaucoup la mode, et j'adorais regarder avec elle des magazines quand j'étais petit. De plus, elle confectionnait elle-même nos vêtements. Ma mère s'identifiait beaucoup à Dominique Michel

et à Denise Filiatrault, les vedettes de Moi et l'autre.
Ces deux comédiennes incarnaient des personnages
de femmes libres, modernes, à la mode et bien loin de
sa vie à Tilley Road.

La route à suivre

Enfant, Réjean Thomas se rend tous les jours à
l'école primaire à pied. Avec sa grande sœur, il marche
un mille à l'aller, un mille au retour, de haut en bas
de Tilley Road, entre la maison et l'école. L'hiver, il
se gèle les oreilles. À mi-chemin, Réjean s'arrête chez
sa grand-mère paternelle, mange des biscuits et boit
un verre de lait, avant de reprendre tranquillement
sa route. Il est un élève brillant, studieux, qui force
l'admiration de ses professeurs.

Durant toute mon enfance, je me souviens que
j'adorais l'école ! J'aimais tellement aller à l'école
et apprendre que je redoutais les vacances. Comme
nous vivions très à l'écart, l'école était un milieu de
vie et de socialisation. C'est là que je voyais mes
amis. À l'école, on m'appelait « Ti-Jean mange tes
croûtes » parce que j'étais maigre...

Je me rappelle qu'aller à l'école était un immense
plaisir ! Quand je vais en mission en Afrique, je suis
toujours impressionné de constater comment l'école

représente un grand rêve pour les enfants démunis là-bas. Je rencontre des jeunes qui n'ont pas mangé de la journée, qui vivent dans une pauvreté extrême... mais qui rêvent tous d'aller à l'école. Chaque matin, ils se préparent, s'habillent avec leurs plus beaux vêtements et attendent impatiemment de pouvoir se rendre en classe pour APPRENDRE...

Quel contraste avec certains jeunes des pays riches qui détestent l'école... Pour ces jeunes Africains, l'école est le seul moyen de s'en sortir. Sans le comprendre, moi aussi, très jeune, j'ai associé la connaissance à la liberté, à l'épanouissement et à un moyen de me sortir d'un milieu pauvre. Tout comme les Africains.

On ne réalise pas le grand privilège qu'on a au Québec et au Canada d'avoir un système d'éducation relativement accessible, contrairement aux États-Unis où les parents s'endettent toute leur vie pour envoyer leurs enfants à l'université. Et il ne faut pas que ça change. Je suis même pour la gratuité scolaire du primaire à l'université. Si tu viens d'un milieu favorisé, tu as beaucoup plus de chances de réussir, d'avoir de bonnes notes. Tu n'as pas de problèmes d'argent, de santé, d'alimentation, etc. Il y a un lien entre richesse et réussite scolaire.

Je suis totalement en désaccord avec l'augmentation des frais de scolarité. Étudier sans s'endetter, c'est quelque chose. On prétend qu'une faible hausse des frais de scolarité – 50 $ par trimestre, par exemple – ne limitera pas du tout l'accessibilité à l'éducation. Pourquoi ne va-t-on pas chercher l'argent ailleurs que dans l'éducation ? S'il y a quelque chose qu'on peut faire pour avancer collectivement, c'est bien investir dans l'éducation. Et on en a les moyens comme société.

Adolescente et orpheline

Durant l'enfance de Réjean, une ombre plane au-dessus du bonheur familial des Thomas : Arcade est souvent absent, et Rita s'ennuie au fond de cette campagne perdue. Sa sœur Germaine, la tante de Réjean, a écrit dans ses mémoires : « Rita, la troisième de la famille, avait un caractère très différent [du nôtre]. Rita était très bonne travailleuse. Très jeune, elle savait où elle s'en allait et ce qu'elle voulait. Quand elle avait quelque chose à dire, elle ne passait pas par quatre chemins. »[2]

---

[2] LE BRETON JEAN (Germaine). *Mon témoignage, Mon héritage*, Éditions de la Francophonie, 2004.

Il y avait une espèce de belle et douce folie chez ma mère, une marginalité qu'elle m'a sûrement transmise. Comme sa détermination, sa volonté de fer. Alors que, de mon père, j'ai probablement hérité de la générosité, la sensibilité. D'ailleurs, tous les hommes dans la famille Thomas sont extrêmement sensibles. Ils pleurent pour un oui ou pour un non.

Le sens des valeurs

De sa mère, en plus du caractère, Réjean Thomas a hérité du sens de la justice.

C'est grâce à ses valeurs que, plus tard, je me suis battu pour donner un peu de dignité aux malades, aux marginaux, aux sidéens. Maman revendiquait des valeurs de solidarité sociale. Dans les années 1960, ma mère était féministe... bien avant que le féminisme arrive au fin fond du Nouveau-Brunswick! Elle prenait la pilule comme moyen de contraception, au grand dam du prêtre de la paroisse qui tentait de la convaincre d'arrêter et d'avoir une plus grosse famille...

Maman s'est toujours identifiée aux pauvres, aux opprimés et aux ouvriers. Elle a appuyé des travailleurs en grève en se rendant sur des « lignes de piquetage ». À la maison, personne ne pouvait parler contre les assistés sociaux, les chômeurs ou les autochtones. Maman défendait toujours les plus faibles. Elle refusait aussi d'apprendre l'anglais et défendait les droits de la minorité francophone au Nouveau-Brunswick.

Une maladie incomprise

Quand j'ai eu cinq ans, mon père est tombé gravement malade et a cessé de travailler. Du jour au lendemain, ma mère est devenue le soutien de famille quand mon père n'a plus eu droit à l'assurance-chômage. Elle a travaillé dans une usine de poissons à Shippagan, située à une heure de Tilley Road.

Son père souffrait alors d'une grave dépression nerveuse. Mais Réjean Thomas n'a jamais par la suite évoqué les problèmes de santé de son père avec ce dernier. Pas même avec sa mère. C'est clair qu'il y a toujours un malaise à parler de santé mentale dans la société en général. Bien que, selon plusieurs études, un épisode de maladie mentale risque de toucher près d'un Canadien sur cinq au cours de sa vie, le sujet demeure tabou pour beaucoup de gens.

Est-ce que mon père va aimer lire un livre sur son fils qui raconte ces détails sur lui? C'est la difficulté de parler publiquement de sa vie sans blesser personne. Est-ce que j'en ai souffert? Sûrement. Sa maladie ne faisait qu'amplifier notre marginalité par rapport aux gens du comté. Cela explique peut-être pourquoi on évitait d'aborder le sujet... Encore aujourd'hui, ce n'est pas tout le monde qui comprend cette maladie. Comment j'en ai souffert ? C'est difficile de l'expliquer : on souffre ou on ne souffre pas. Point.

Père absent, fils marqué

Je pense que ma mère est née au mauvais endroit, au mauvais moment. Toute sa vie, elle a désiré vivre ailleurs, déménager en ville, loin de Tilley Road, mais mon père refusait de partir. Comme j'étais très proche de maman, j'ai vécu par procuration ses malheurs, ses déceptions, ses frustrations. Elle n'avait pas eu une vie facile : elle nous racontait sa jeunesse difficile, la pauvreté qu'elle avait connue. Très jeune, j'ai ressenti sa vulnérabilité.

Un jour, mon père est revenu du Labrador pour un congé. Il a suggéré à maman de passer son permis de conduire pour qu'elle puisse sortir à son goût avec les enfants. Elle lui a répondu qu'elle avait son permis... depuis déjà trois mois !

Adolescent, Réjean Thomas était en colère contre son père, un charpentier qui devait s'exiler des mois, sur des chantiers dans tout le pays, pour vivre de son métier. Entre deux contrats, il revenait quelques semaines à la maison et apportait des cadeaux à sa famille. Néanmoins, il restait un peu un étranger aux yeux de son fils aîné...

Quand tu es petit et que tu ne vois jamais ton père, tu as beau recevoir un vélo neuf, ça ne remplace pas la présence paternelle au foyer. Ça m'a pris bien du temps, une fois adulte, avant que je lui pardonne son absence, mais j'ai finalement compris que mon père nous aimait et qu'il devait se sacrifier en s'exilant pour gagner sa vie et celle de sa famille.

À l'époque, je ne comprenais pas. Je le croyais responsable du malheur de ma mère. J'ai dû faire des années de thérapie plus tard, au début de la trentaine, pour établir une distance par rapport à ma mère et, ensuite, me réconcilier avec mon père.

En l'absence des hommes

Bien sûr, Arcade Thomas n'avait guère le choix de s'exiler loin des siens. En Acadie, il y a peu de travail pour les hommes. Surtout les jeunes hommes. Les usines de papier ferment les unes après les autres dans le nord du Nouveau-Brunswick. Encore aujourd'hui, les hommes s'exilent à l'autre bout du pays, là où ils peuvent exercer un métier. Durant l'hiver, on trouve sans doute davantage de jeunes Acadiens à Fort Mc-Murray, en Alberta, qu'à Tracadie-Sheila... Puis il y a les pêcheurs qui partent en mer l'été, et les bûcherons qui se réfugient dans le bois l'hiver.

Dans les années 1960, l'Acadie était une société matriarcale. J'ai vécu mon enfance en étant entouré de femmes seulement. Quand nous allions pique-niquer en famille au bord de la rivière ou à la plage de Val-Comeau, il n'y avait que des femmes avec des enfants : des mères, des tantes, des cousines, des voisines. Et les femmes ont terriblement peur de l'océan. Les mères surveillent constamment leurs enfants pour ne pas qu'ils se baignent. Elles craignent les noyades. C'est drôle. J'ai passé ma jeunesse au bord de la mer, mais j'ai appris à nager à 21 ans seulement, durant mes études à l'Université Laval.

Je veux revoir la mer...

Les Acadiens ont un rapport ambigu avec la mer. Celle-ci est omniprésente, car la péninsule acadienne est bordée par le golfe du Saint-Laurent d'un côté, et la baie des Chaleurs de l'autre.

En Acadie, la mer est une source de bonheur et de joie, mais aussi de drame et d'angoisse. Elle enlève la vie des pêcheurs, mais elle nourrit les familles. Comme dans la chanson sur l'Acadie qu'interprète mon ami Jean-François Breau :

La mer en grande artiste
Fait ce qu'elle veut quand elle le veut
Et, selon ses caprices, peut nous bercer,
   peut nous noyer […]
Et si y a quelque chose qu'on sait faire
C'est bien de pardonner à la mer […][3]

Les femmes de sa vie

J'étais un fils à maman, protégé aussi par ma grande sœur, mes tantes, mes cousines. Toutes des femmes. Je me cachais sous les tables pour écouter les conversations des femmes. Je me sentais plus à l'aise avec les femmes qu'avec les hommes. Elles ne parlaient pas de voitures, ni de sport. Elles parlaient de politique, de religion, de maladie, des problèmes du comté... et des autres femmes.

---

[3]   « En un instant », tirée de l'album *Exposé*. Interprète et musique : Jean-François Breau, paroles : Denis Richard.

Moi, j'étais toujours dans les jupes de ma mère. J'ai longtemps écouté leurs conversations sous la table. Je me souviens encore de ces voix féminines qui parlaient haut et fort. Elles étaient toutes des femmes drôles, fières, indépendantes, aimantes, et elles veillaient tard, car leurs maris travaillaient à l'extérieur.

J'étais donc plus proche des filles que des garçons : mes tantes, mes cousines, mes voisines. Mes idoles d'adolescence étaient toutes des femmes, comme Lise Payette et Janette Bertrand, entre autres, alors que, généralement, les garçons ont plutôt des modèles masculins. À 15 ans, j'ai travaillé dans la construction comme apprenti menuisier et j'étais tellement fatigué, meurtri, à la fin de la journée quand je rentrais à la maison. Ma mère et ma grande sœur me préparaient un bain chaud, me donnaient à manger, me cajolaient.

Ironie du sort, l'un des rares amis de gars que j'ai eus dans mon enfance, puis au secondaire, est mort jeune, à 17 ans.

La vie est ailleurs

Comme maman, très tôt, je rêvais de partir ailleurs. Du plus loin que je me souvienne, j'ai toujours voulu *vivre à Montréal. À sept ou huit ans, je m'installais avec une petite valise devant la maison de Tilley Road et je faisais du pouce ! Ma mère apparaissait sur le pas de la porte et me demandait où j'allais...*

« Je m'en vais au centre-ville de Montréal ! »

Et elle me disait de rentrer avant de prendre froid.

Nous allions parfois à Montréal, en famille, visiter de la parenté. J'étais impressionné par la grande ville. Les voitures, les taxis, les hauts édifices, les rues pleines de monde, de restaurants et de magasins... La ville me faisait rêver. De plus, je voyais ma mère se comporter autrement à Montréal qu'en Acadie. Elle semblait heureuse... Avant de se marier, elle avait travaillé une année à Montréal; elle nous a toujours dit que cette année-là avait été la plus belle de toute sa vie...

Sous le ciel de Paris

En mai 1988, la mère et le fils font un voyage ensemble. Réjean Thomas invite sa mère une semaine à Paris.

C'était la première fois qu'elle visitait la Ville lumière, mais elle aimait déjà Paris. Elle connaissait Paris grâce aux revues et au cinéma. Maman adorait regarder les films français à la télévision, jusque tard dans la nuit. Elle aimait Louis de Funès, Fernandel et Simone Signoret.

Ce voyage à Paris demeure un des plus beaux souvenirs de voyage de Réjean Thomas.

Quel plaisir de vivre de beaux moments dans une des plus belles villes du monde avec sa mère. Et de pouvoir la gâter, lui donner un peu de luxe, elle qui n'a jamais été riche. Mais je ne suis pas le seul : c'est pareil pour tous les enfants pauvres qui réussissent à l'âge adulte et qui s'empressent de gâter leurs parents.

On aura compris que la relation entre la mère et le fils était fusionnelle, particulière, pleine d'amour et de blessures, de complicité et de querelles, d'admiration et d'envie. Dans leur drôle de relation mère-fils, on trouvera plus tard des explications à la course effrénée de Réjean, à ses multiples combats menés de front.

Faire ses classes

Les parents de Réjean Thomas considéraient les études comme quelque chose de noble, de précieux, peut-être parce qu'ils n'avaient terminé qu'une sixième année...

Ils m'ont toujours encouragé à étudier et ils m'ont aidé du mieux qu'ils ont pu. Mes parents se sont privés et ont fait de grands sacrifices pour envoyer leurs enfants à l'université. Pour eux, l'éducation était synonyme d'une vie meilleure, mais pas seulement pour des raisons financières. C'était surtout un moyen de se surpasser, d'apprendre, d'évoluer. Très jeune, naturellement, j'ai penché vers une profession avec un côté humain, social, près des gens. Une profession qui correspondrait aux valeurs acquises de mon père et de ma mère...

Alors j'ai choisi la médecine. Plus tard, le destin a fait que je me suis spécialisé dans le sida et les maladies transmises sexuellement (MTS). Au début, cela ne plaisait guère à ma famille. C'était difficile pour eux, car la sexualité a toujours été un sujet tabou à la maison. Paradoxalement, ma mère, progressiste et pour la libération des femmes, était mal à l'aise avec la sexualité!

Avec le recul, je constate que c'est étrange qu'un fils qui voulait tant plaire à sa mère, être à la hauteur de ses aspirations, ait choisi une « spécialité » qu'elle n'aimait pas, qu'elle ne comprenait pas.

Finalement, ma famille avait surtout peur pour moi. Comme bien des gens au début des années 1980, mes proches craignaient que je contracte le sida en côtoyant des malades qui en souffraient. Ils se posaient des questions sur les risques de transmission. Mais j'ai persévéré. J'étais prêt à mourir pour la médecine et pour défendre les valeurs humaines propres à cette profession.

LE MÉDECIN

Le vieux avait raison, les hommes étaient toujours les mêmes. Mais c'était leur force et leur innocence et c'est ici que, par-dessus toute douleur, le docteur Rieux sentait qu'il les rejoignait. [...] ce qu'on apprend au milieu des fléaux, c'est qu'il y a dans les hommes plus de choses à admirer que de choses à mépriser.

– Albert Camus, *La Peste*

Je suis vie qui veut vivre, entouré de vie qui veut vivre. À chaque jour et à chaque heure cette conviction m'accompagne.

– Dr Albert Schweitzer, *La civilisation et l'éthique*

LE MÉDECIN
Soulager la souffrance

La lettre est arrivée le 19 juin 1974, un jour chanceux, celui du 19ᵉ anniversaire de Réjean Thomas. Ce dernier ne se rappelle plus si c'est lui ou sa mère qui a ouvert cette lettre en premier. Par contre, il se souvient de leur fierté en apprenant son contenu. Encore aujourd'hui, ce 19 juin 1974 demeure le plus beau jour de sa vie.

À 19 ans, il venait d'être accepté à la faculté de médecine de la plus ancienne université francophone en Amérique du Nord. Trente ans plus tard, Réjean Thomas recevra la Gloire de l'Escolle, la plus haute distinction décernée à un ex-étudiant par l'Association des diplômés de l'Université Laval.

Moi qui n'ai pas une grande mémoire, je me souviens parfaitement du jour où j'ai, pour la première fois, dit que je voulais devenir médecin. J'avais six ans et je me suis arrêté, au retour de l'école, chez ma grand-mère paternelle. Elle m'a alors promis que si je devenais prêtre, elle me laisserait son héritage... Je lui ai répondu du tac au tac que je ne voulais pas être prêtre... mais médecin! Et de toute façon, je savais qu'elle n'avait pas d'argent. (rires)

J'ai toujours voulu être médecin. Je ne pensais à rien d'autre comme métier. Je regardais le docteur Welby à la télévision et je disais à mes parents que je serais médecin plus tard. J'étais parfois gêné et je ne le disais pas à tout le monde, car ça pouvait sembler prétentieux pour un enfant de Tilley Road de croire qu'un jour il sera médecin.

C'est clair que je n'étais pas un garçon du coin comme les autres. Une fois, mon père m'a donné un coffre à outils jouet. Et je ne savais pas quoi en faire : je l'ai mis dans un placard et je n'ai jamais touché à mes outils. Plus tard, quand j'ai eu environ 10 ans, il m'a donné un microscope avec un kit de biologie. Et je jouais tout le temps avec mon petit microscope. J'avais l'impression d'être un scientifique! J'ai conservé ce côté ludique avec le temps. À la clinique, j'ai parfois l'impression d'être un enfant sur un gros terrain de jeu.

À 17 ans, quand je me suis inscrit à l'Université Laval, j'ai dû choisir un deuxième programme au cas où je serais refusé en médecine. Devinez ce que j'ai choisi? Art dramatique! Mes parents étaient découragés. Leur fils, acteur! Ils n'avaient jamais soupçonné mon désir secret de devenir acteur. En fait, je ne devais pas en avoir. J'ai dû me dire que si on me refusait mon rêve d'enfance, mon désir d'aider et de soigner les gens comme médecin, je n'allais pas choisir une deuxième spécialité médicale, genre pharmacie, ou une autre profession connexe. J'allais opter pour quelque chose de totalement différent : le théâtre.

Le prix d'une vie

Dans les années 1950, la plupart des familles acadiennes vivaient dans la pauvreté. C'était avant les réformes entamées par Louis J. Robichaud, qui fut premier ministre du Nouveau-Brunswick de 1960 à 1970, et l'unique Acadien à accéder à ce poste. Encore aujourd'hui, Louis Robichaud demeure un héros et un modèle pour tous les Acadiens. Son mandat a été qualifié de « Révolution si peu tranquille » par le journaliste et biographe Michel Cormier.[4]

---

[4]   CORMIER (Michel). *Louis J. Robichaud, Une Révolution si peu tranquille*, Éditions de la francophonie, 2003.

D'ailleurs, toute la jeunesse de Rita Chiasson a été marquée par la pauvreté. Marie-Claire Rousselle, sa mère, est morte en couches à 37 ans parce que le médecin du comté avait refusé de se déplacer pour son accouchement, car elle ne pouvait pas le payer d'avance. Le prix d'un accouchement, et de sa vie, était alors de 50 $ — une fortune pour les parents de Rita Chiasson. Quelques années plus tard, en 1955, Arcade Thomas a dû vendre une corde de bois pour se procurer l'argent nécessaire à la naissance de son fils Réjean.

Orpheline à 13 ans, la mère de Réjean Thomas a d'abord été placée chez une tante. Puis elle a habité avec sa sœur aînée, Germaine, et a vécu en faisant des ménages durant quelques années, avant de partir travailler à Montréal, puis, enfin, d'épouser Arcade. Ce dernier a même effectué le long voyage jusqu'à Montréal pour aller chercher sa douce.

Guérir les siens

Quand je suis entré à la faculté de médecine, je voulais devenir psychiatre. Probablement pour « guérir » ma mère qui souffrait, que je sentais vulnérable, ainsi que mon père qui était fragile. J'ai été traumatisé, à cinq ans, de voir ma mère partir de la maison à quatre heures du matin, pour aller travailler dans une usine de poissons à Shippagan, à une heure de Tilley Road, et de nous faire garder par une voisine. Et j'ai aussi été troublé d'apprendre la mort tragique de ma grand-mère maternelle, qui a causé tant de souffrances à ma mère. Cette histoire a influencé mon choix de carrière et elle continuera de m'influencer durant toute ma vie professionnelle!

Voilà pourquoi le débat entourant la privatisation des soins de santé me touche autant. Né dans un milieu pauvre, connaissant les conséquences de ne pas avoir accès à des soins de santé pour des raisons financières, et malgré que le système de santé public soit fortement critiqué, je ne peux pas être favorable à la privatisation. Je connais tous les sacrifices faits, avant l'assurance-maladie universelle, par les familles pauvres pour se faire soigner par un médecin et avoir accès à des services de santé. Trop de gens oublient cette période. Et les jeunes ne l'ont pas connue.

Inconsciemment, j'ai peut-être également choisi la médecine pour prouver qu'un petit Acadien qui a grandi dans la dernière maison du rang d'une paroisse acadienne était aussi capable de réussir qu'un petit bourgeois de Sillery ou d'Outremont. Mais je n'en parlais à personne; j'aurais eu l'air prétentieux. À l'époque, c'était impossible qu'un fils d'ouvrier acadien poursuive des études en médecine.

Après deux années en sciences de la santé à l'Université de Moncton, Réjean Thomas étudie à la faculté de médecine de l'Université Laval. C'est là que, pour éviter les sarcasmes et les commentaires redondants des étudiants de l'université, Réjean Thomas *perd* son accent acadien. Et de *Thomasss*, prononcé à l'anglaise, il deviendra Thomas.

Ensuite, il pratique la médecine familiale à l'Hôpital Saint-Joseph de Rimouski. Durant 15 mois, il fait un peu de tout : accouchements, urgence, soins à domicile, clinique, etc. Il adore son travail... Par contre, il doit cacher sa vie privée. Rimouski est une petite ville. Les gens jasent beaucoup... Il a des amis gais, la nouvelle se répand vite.

Un jour, Réjean apprend que le frère d'une amie a dit « qu'il ne fera jamais soigner ses enfants par un médecin homosexuel. » Bouleversé, il décide de quitter Rimouski.

Demain matin, Montréal l'attend

Nous sommes au début de l'été 1980. Réjean Thomas doit choisir : retourner en Acadie ou aller à Québec ou à Montréal ? Il s'installe dans la métropole pour pratiquer la médecine familiale dans une clinique de Verdun. Il vient d'avoir 25 ans.

J'ai travaillé quelques années à la clinique de Verdun, mais je n'étais pas heureux dans ce type de pratique. Je m'interrogeais sur le genre de médecine que je voulais exercer. Être médecin de famille à Rimouski, malgré les propos homophobes, c'était valorisant, car les gens apprécient qu'un docteur ait une pratique médicale diversifiée. Mais dans une grande ville comme Montréal, à l'époque, être médecin de famille était très peu valorisé. La clientèle ne voulait consulter que des spécialistes...

« Réjean est un clinicien dans le vrai sens du terme, raconte sa grande amie et collègue, la docteure Danièle Longpré. Il aime les urgences, le contact immédiat avec les malades pour atténuer leur souffrance. Je voyage souvent en avion avec lui. Quand il y a une situation d'urgence et qu'on demande s'il y a un médecin à bord, Réjean est toujours volontaire. Il bondit chaque fois de son siège afin de soigner le passager en détresse! Il réagit rapidement en situation d'urgence. Et ce ne sont pas tous les médecins qui réagissent ainsi. Loin de là.

« Je me souviens d'un soir où nous mangions au restaurant, poursuit la docteure Longpré. Un garçon de 10 ans était assis avec sa famille à une table près de la nôtre. Soudainement, il s'est étouffé après avoir mal avalé un bonbon. Il était bleu et visiblement en train de mourir étouffé. Avant que personne n'ait le temps de réaliser ce qui se passait, Réjean s'est précipité à sa table et lui a passé ses bras autour du ventre afin de pratiquer la manœuvre de Heimlich et de sauver la vie de ce garçon ! »

Lisette Lapointe, la députée du Parti québécois, se rappelle la première fois qu'elle a rencontré Réjean Thomas, à l'époque où son mari, Jacques Parizeau, était premier ministre du Québec. « En arrivant au restaurant, il s'est excusé en me confiant qu'il se pouvait qu'il quitte précipitamment... Un de ses patients sidéens était très souffrant, et Réjean voulait être à son chevet pour l'accompagner dans ses derniers instants. J'ai trouvé ça admirable qu'il pense à un patient le soir où il mange avec la femme du premier ministre. »

En vieillissant, j'ai compris que je suis d'abord et avant tout un soignant. Avant la formation, la communication, les médias ou l'activisme, ce que j'aime le plus, c'est soigner des gens. Tous les jours, je suis à la clinique et je vois des patients. D'ailleurs, je n'ai jamais arrêté de faire de la clinique. Même durant ma parenthèse comme conseiller à l'action humanitaire pour M. Parizeau, en 1994, j'avais gardé une journée de consultations à la clinique. Et je me vois encore faire ça durant bien des années.

Le rapport médecin-patient

Selon Réjean Thomas, la socialisation de la médecine et la réforme du système de santé, à la fin des années 1960, ont un peu dévalorisé le statut de médecin.

Récemment, un stagiaire à la clinique me disait que les médecins de ma génération ont une vision d'autorité avec leurs patients. Mais pas lui. Il se sent proche d'eux, comme avec des amis. Selon lui, la médecine est un travail comme un autre, alors que, pour moi, c'est une vocation. Ce stagiaire désire que, plus tard, sa vie professionnelle n'empiète jamais sur sa vie personnelle. Et il a choisi une spécialité en conséquence.

Je suis en désaccord avec lui. Pour moi, la médecine n'est pas un métier comme un autre. Plus jeune, je voyais aussi mes patients comme des amis. D'ailleurs, ils m'ont toujours appelé Réjean et non docteur Thomas. Or, avec le temps, j'ai réalisé que le rôle du médecin est trop important. Il n'y a rien de plus insécurisant au monde que d'être malade. Nous avons la santé et la vie des gens entre nos mains. On doit donc faire preuve d'une certaine autorité morale, comme un professeur envers ses élèves. Et l'autorité, ça ne passe pas par le port d'un veston ou d'un sarrau blanc, mais par le professionnalisme, la communication et l'excellence.

Cela ne veut pas dire que les médecins doivent faire partie d'une élite. Ce n'est pas ça, la question. En tant que médecin clinicien, on travaille sur le terrain. Nos patients proviennent de tous les horizons, de tous les milieux. On peut soigner un ministre et, 10 minutes plus tard, un toxicomane ou un itinérant. Et c'est ça qui est formidable avec ma profession.

Comment est le médecin idéal? Pour Réjean Thomas, un bon médecin doit être humain, compétent et bon communicateur.

Si on est incapable de communiquer avec ses patients, on ne devrait pas être médecin de famille. On peut choisir une autre branche de la médecine. Je dis souvent aux étudiants en première année de médecine que s'ils n'aiment pas les êtres humains, ils peuvent toujours devenir pathologistes! (rires) À mes yeux, la médecine sera toujours une vocation.

Une soupape à la souffrance

Depuis 25 ans, le docteur Thomas côtoie presque chaque jour la souffrance. Comment se protège-t-il contre la douleur au quotidien? Quelle est sa soupape pour ne pas craquer devant l'éternelle souffrance?

Je puise mon énergie dans mon milieu de travail, parmi la solidarité entre les médecins et les employés de l'Actuel. Je vais au gym quatre fois par semaine, une activité essentielle à mon bien-être physique et moral. Mais ma véritable soupape, ce sont mes malades. Ce sont eux qui me donnent la force de continuer à me battre.

Bien sûr, il y a des cas lourds, épuisants, sauf que la majorité des patients nous donnent de l'énergie. Il faut voir comment ils acceptent leur maladie, comment ils réussissent à passer par-dessus leur état de santé et vivent avec la souffrance, comment ils font tout pour s'en sortir dans la dignité... Pour un médecin, c'est une grande leçon de vie.

L'Actuel, sa fierté

Chaque année, plus de 50 000 consultations sont assurées par les médecins de la clinique l'Actuel, dont la mission est d'offrir des soins de santé de haute qualité en matière de dépistage et de traitement des infections transmissibles sexuellement (ITS) et de prise en charge des personnes vivant avec le VIH/sida. L'Actuel est devenue un modèle dans le monde médical, tant au Québec qu'au Canada, en France, en Russie et en Amérique du Sud...

De toutes les choses que j'ai faites depuis 30 ans, c'est l'Actuel dont je suis le plus fier. On a été visionnaires sans le savoir en fondant l'Actuel et en optant pour une approche holistique, une prise en charge globale des patients. Les personnes atteintes du VIH se font suivre par un médecin de famille, alors que, ailleurs dans le monde, un patient séropositif est souvent soigné par un virologue ou un infectiologue et dirigé vers un généraliste pour ses autres problèmes de santé.

Sous un même toit, l'Actuel réunit des médecins de famille et une équipe multidisciplinaire : chercheurs, infirmières, psychologues, pharmaciens, techniciens en laboratoire... Notre expertise est reconnue ailleurs dans le monde... L'Actuel est un leader mondial de la lutte au sida. J'ai des amis, à Paris et à Moscou, qui trouvent qu'on a un incroyable modèle de service et une clientèle très urbaine et variée, à la fois vulnérable, gaie, toxicomane et artistique. Nous sommes 22 médecins à voir de 800 à 1000 patients par semaine. Nous avons environ 2000 patients dont le dossier VIH est actif. De plus, l'Actuel joue un rôle actif en prévention. Nous offrons des soins en santé sexuelle à une clientèle formée autant de séropositifs que de séronégatifs. Cela fait qu'on est très proches du terrain et qu'on a une expertise unique en matière de santé sexuelle au Québec, davantage que la santé publique.

Le mythe du privé en santé

La clinique l'Actuel, à l'instar de la majorité des cliniques au Québec, fonctionne comme un établissement mixte : gestion privée et paiement public. Les examens médicaux sont couverts par l'assurance-maladie. Les médecins membres sont locataires.

Bien que je sois contre la privatisation des soins de santé, je suis capable de reconnaître les failles de notre système public. Toutefois, le privé n'est pas une panacée. Il n'y aura pas plus de médecins ou d'infirmières en ouvrant toutes les portes au privé. Au contraire, on va les éloigner du système public et aggraver la pénurie actuelle. Ce n'est vraiment pas le bon moment. Il y a une réelle pénurie de professionnels de la santé, et ce, pour au moins une dizaine d'années encore avec la retraite des baby-boomers. Il y a des spécialités déjà critiques où il faut deux ou trois ans d'attente pour avoir un rendez-vous à Montréal !

Quand on se compare, on se console, dit-on. Avec l'organisme Médecins du monde, le docteur Thomas a visité de nombreux pays sous-développés qui rêveraient d'avoir un système de santé comme le nôtre.

En santé, au Québec, j'ai parfois l'impression qu'on est en train de jeter le bébé avec l'eau du bain.

On oublie qu'on a une expertise incroyable. Quand on a accès au système de santé, rares sont les gens qui se plaignent. Oui, nous manquons de médecins et d'infirmières. Et oui, il y a beaucoup d'attente et d'engorgement dans les urgences. Mais, au fond, est-ce si grave d'attendre cinq ou six heures à l'urgence pour recevoir un ensemble de soins gratuits qui sont parmi les meilleurs au monde, et cela, qu'on soit riche ou pauvre? Nous sommes habitués à tout avoir instantanément. Or, aller à l'hôpital ne sera jamais une partie de plaisir. Le privé a beau nous faire miroiter mer et monde, être malade reste une mauvaise période dans une vie. Se faire soigner, ce n'est pas comme aller au spa! À force de ne voir que le côté négatif du système de santé, on oublie comment nous sommes choyés d'avoir tout ça gratuitement.

Pourtant, si on se fie aux sondages, environ 80 % des Québécois sont favorables au privé. Réjean Thomas met un bémol à cet engouement du public nourri, selon lui, par le sensationnalisme de certains médias.

En réalité, les gens en faveur du privé ne réalisent pas le prix véritable d'un tel système de santé; la plupart des gens n'auront pas les moyens de se faire soigner par le privé. Et les assurances vont coûter cher. Très cher. Si j'étais ministre de la Santé du Québec, ma priorité serait de préserver la gratuité et d'améliorer la qualité du système de santé public, car j'ai l'impression que ce système est en danger.

Parfois, il me semble que le Québec est devenu un grand hôpital : tout le monde ne parle que de la santé. Pratiquement pas une journée ne passe sans que les médias abordent les problèmes du système de santé public. Il doit bien y avoir d'autres priorités que la santé ! C'est devenu une véritable obsession. Et je suis persuadé que cette obsession sert le lobby qui veut faire entrer le privé en médecine. Toute cette couverture négative des médias ne contribue qu'à aider le lobby du privé qui travaille très fort pour s'implanter partout dans le système. D'ailleurs, le Davos de la santé — un genre de sommet économique réunissant des médecins, des ex-ministres ou sous-ministres et des gens d'affaires —, où l'on courtise le milieu et vante l'efficacité du privé en santé, se tient chaque année au Québec.

Néanmoins, le privé est déjà installé, et il est là pour rester. Il y a des laboratoires pour prélèvements san-guins, de la radiologie, des spécialités comme la physiothérapie, etc. Faisons attention de ne pas lui donner trop de place dans le réseau : cliniques privées, hôpitaux privés, services de soin à domicile privés, etc. Rappelons-nous que la santé n'est pas un produit ou un service comme un autre : c'est un droit.

Riche et en santé

Tout le monde devrait avoir accès à des soins de santé gratuits au Québec et au Canada. Or, il est clair que tous les patients n'ont pas la même accessibilité à un médecin. Une collègue me dit à la blague : « Ce qui est important, ce n'est pas d'avoir un médecin de famille... mais d'avoir un médecin dans sa famille ! » Si tu es une personnalité connue, tu vas appeler un médecin et tu auras rapidement un rendez-vous. Si tu es riche, il y a déjà des cliniques privées qui existent pour cette clientèle. Et des médecins vont même à domicile dans certains cas. Mais le pire, c'est que, en se servant de leurs relations, cette clientèle aisée qui passe par le privé court-circuite les listes d'attente du système public.

Mais le privé peut aussi servir d'exemple au système public. Dans le privé, l'aspect satisfaction de la relation client-patient est important. Par exemple, en tant que responsable de l'Actuel, je veille à ce que les médecins et le personnel soient compétents, humains. Pour nous, un patient n'est pas vu comme un malade de trop... comme à l'urgence d'un hôpital. Et si on n'a plus de patients, on ferme boutique.

Néanmoins, c'est un choix de société. Il faut se poser les bonnes questions. Comment va-t-on s'y prendre pour que le réseau public ne se détériore pas si on donne trop de place au privé ? Où va-t-on trouver des médecins et des infirmières supplémentaires pour compenser leur transfert vers le privé ? Il y a déjà une pénurie de personnel et, avec le vieillissement de la population, le besoin de médecins et d'infirmières sera encore plus grand.

De plus, le privé ne s'occupera pas des clientèles lourdes : personnes âgées, toxicomanes, personnes atteintes du VIH/sida, problèmes de santé mentale, etc. Il va les laisser au système public. Au bout du compte, ce seront les citoyens aisés et en meilleure santé qui se feront soigner par le privé et qui bénéficieront des meilleures ressources humaines, médicales et technologiques.

L'urgence d'agir

Pour Réjean Thomas, l'éternel débat sur la santé au Québec est d'abord et avant tout une question de justice et d'égalité sociales. Si l'on se fie aux dépenses allouées à la santé et aux services sociaux, la santé est au sommet des priorités de l'État. Il lui consacre la plus importante part de son budget : en 2007-2008, le budget de la Santé du gouvernement du Québec est de 23,5 milliards, en hausse de plus de 4 milliards depuis 2003.

Oui, c'est beaucoup d'argent! Mais est-ce trop? Il faut savoir qu'aucun pays occidental n'a trouvé de réponse à l'augmentation des frais. Et prôner la privatisation comme solution est une réponse simpliste. C'est s'illusionner face à un problème complexe qui mérite des nuances. De plus, la France, l'Angleterre et les autres pays européens éprouvent les mêmes problèmes que le Québec.

Or, seulement 2% du budget provincial de 23 milliards vont à la santé publique: prévention, MTS, santé mentale, toxicomanie, gériatrie, etc. C'est nettement insuffisant... Il faut à tout prix prendre le virage de la prévention et investir davantage en santé publique et en soins à domicile. Mais ce n'est pas rentable politiquement parce que la prévention est un travail à long terme, pas à court terme.

On veut un système de santé plus efficace et plus humain, mais il y a un prix à payer pour vivre dans une société juste et équitable. Et les personnes qui prônent un système de santé privé sont celles qui réclament toujours des baisses d'impôts.

Trop de bureaucratie

Mais il n'y a pas que des problèmes en santé. Réjean Thomas aime souligner que nous avons des médecins et des professionnels de la santé compétents.

Tous les sondages le prouvent : les gens qui ont reçu des soins sont en majorité satisfaits des services. Le problème n'est pas là. Il est dans l'accessibilité et la trop grosse bureaucratie. Il ne faut pas jeter le bébé avec l'eau du bain. Le ministère de la Santé et des Services sociaux devrait davantage écouter les professionnels sur le terrain et diminuer la bureaucratie.

A-t-on vraiment besoin de deux CHUM à Montréal (le Centre hospitalier de l'Université de Montréal et le Centre universitaire de santé McGill) ? Est-ce un manque de volonté politique de ne pas choisir de construire un CHUM, au risque de perdre les deux ? Sommes-nous certains d'avoir besoin de ces superhôpitaux et en avons-nous les moyens ? C'est incroyable, tout l'argent investi dans des études de projet alors qu'on se demande encore en 2008 si un jour on verra un CHUM à Montréal...

En créant ces mégahôpitaux, j'ai peur que le gouvernement du Québec soit en train de refaire l'erreur qu'il a commise en éducation avec la création des polyvalentes, au début des années 1970. L'État a construit de gigantesques écoles secondaires super modernes, design, avec des équipements du dernier cri... mais déshumanisées, sans âme et peu propices à l'apprentissage scolaire. Je préfère envoyer mes patients dans des hôpitaux à échelle humaine. Car, pour moi, les soins de santé doivent rester humains. Malheureusement, les petits hôpitaux ferment les uns après les autres. Je crois qu'il faut plutôt travailler à l'amélioration du système public en commençant par de petites choses. Par exemple, il y a parfois des solutions simples qui pourraient améliorer le système. De nos jours, c'est pratiquement impossible de prendre un rendez-vous tant c'est compliqué! Les personnes âgées se découragent quand elles appellent et essaient d'obtenir un rendez-vous.

De plus, le système des listes d'attente est problématique. Par exemple, si tu es en attente pour une opération bénigne, on considère que tu as une maladie semi-urgente et tu es sur une liste. Tu peux patienter durant deux ou trois ans avant de te faire opérer. Et si ton cas s'aggrave, que tu as des complications, on doit alors t'opérer d'urgence. Et c'est plus risqué de se faire opérer d'urgence. En résumé, si tu es un peu malade, tu peux attendre; si tu es très malade, tu passes en priorité, mais si ton état est entre les deux, tu es coincé.

Pourquoi la majorité des patients séropositifs préfèrent-ils aller à l'Actuel au lieu d'un CLSC? Et pourquoi la majorité des médecins choisissent de travailler dans des cliniques mixtes plutôt qu'au CLSC ? Parce que, dans une clinique comme la nôtre, il y a moins de bureaucratie. Les médecins détestent la bureaucratie; ils aiment mieux voir des patients.

Pénurie de médecins

Tandis qu'on assiste à une grave pénurie d'effectif médical, le Québec est incapable d'intégrer assez de docteurs étrangers dans le système public. Seulement 11 % des médecins du Québec viennent de l'étranger, contre 22 % dans le reste du pays, selon des données de Statistique Canada.

À l'Actuel, nous avons embauché une réceptionniste originaire de Roumanie. Un jour, elle nous a annoncé qu'elle quittait la clinique. Elle avait trouvé du travail ailleurs... comme médecin aux États-Unis ! Personne à l'Actuel ne savait que notre réceptionniste avait auparavant été médecin en Roumanie. Son mari aussi. Mais le couple ne pouvait pas pratiquer au Québec, car le Collège des médecins ne reconnaît pas leurs diplômes en médecine obtenus à l'étranger. Ils ont donc quitté le Québec pour aller pratiquer à New York.

Le Québec a une pénurie de personnel médical, de longues listes d'attente pour se faire soigner, alors pourquoi ne pas reconnaître les compétences des médecins de l'étranger qui immigrent ici? Cela ne signifie pas d'accepter n'importe quel diplôme. Il doit être reconnu, avec des équivalences. Le Collège des médecins a des normes. Et il n'est pas question de baisser les normes de connaissances scientifiques pour plaire au monde.

Mais il y a aussi plein de jeunes Québécois et Québécoise qui ont de très bonnes notes et qui aimeraient bien entrer en médecine. Or, le programme est contingenté et limité à un nombre précis de nouveaux étudiants par année. Et on ne veut pas augmenter le nombre d'étudiants en médecine, ce qu'on devrait pourtant faire. Cela dit, il y a des organisations qui ont intérêt à ce qu'il n'y ait pas trop de membres non plus... Qu'est-ce qui fait la force d'un groupe, qui forme une élite? C'est sa rareté. En France, les médecins sont plus nombreux par personne et ils n'ont pas le même rapport de force dans la société.

Sans abaisser le niveau de connaissance des médecins québécois, il devrait y avoir un moyen d'améliorer les connaissances des médecins formés à l'étranger sans qu'ils aient à recommencer leur formation au complet. Pénurie ou non, c'est important de les intégrer par dignité pour les gens que l'on accueille au Québec.

Québec versus Ontario

Toutefois, quand on se compare, on se console, dit-on. Le Collège des médecins dévoilait, l'été dernier, des chiffres révélateurs. Les universités québécoises ont accepté en 2007 près de la moitié (47 %) des médecins diplômés à l'étranger qui ont fait une demande d'admission au Canada. L'Ontario, pour sa part, a accepté moins du quart de ces demandes (23,3 %). De plus, parmi les 15 000 médecins diplômés à l'étranger et travaillant au Canada, près de 15 % se sont établis au Québec. En fait, un médecin sur 10 sur le territoire québécois est un médecin diplômé hors du Canada et des États-Unis. Ces médecins proviennent de 78 pays, et surtout de la France, du Liban, du Vietnam, d'Égypte et de Haïti.

Fait intéressant, en 2007, le Québec a émis davantage d'autorisations d'exercer la médecine (toutes catégories) que l'Ontario : 3936 versus 3272.

Il y a bien sûr une pénurie de médecins, mais cette dernière n'est pas unique au Québec. Le Collège cite une étude de l'ÉNAP qui dévoile qu'il manquerait 4,3 millions de professionnels de la santé (médecins, infirmières, etc.) dans le monde. « Cinquante-sept pays dont le Canada connaissent présentement une pénurie aiguë de professionnels de la santé. » Le Collège des médecins croit que « les médecins diplômés à l'étranger font partie de la solution, mais ne représentent pas l'unique alternative. » Il rappelle également que « les pays industrialisés ont le " devoir éthique " de ne pas nuire aux pays plus vulnérables en aggravant leur pénurie de médecins. »

N'empêche que la porte est fermée aux médecins étrangers qui rêvent de pratiquer ici. Il faut donc trouver des solutions et ne pas se contenter du *statu quo*. Et éviter les préjugés.

Nos nouveaux héros

Quand Réjean Thomas a quitté la présidence de Médecins du monde, en 2006, cette organisation de coopération et de solidarité internationales a tenu une soirée au cours de laquelle des personnalités lui ont rendu hommage. Parmi celles-ci, Janette Bertrand, Jacques Parizeau, Guy A. Lepage, Audrey Benoît, Alain Lefèvre, Paul Piché et Céline Dion.

Ce soir-là, dans la salle, le docteur Jean-Pierre Routy est dépassé par l'ampleur de l'admiration que les gens portent à Réjean Thomas : « On le louangeait avec tant d'amour et de ferveur qu'on aurait cru qu'il venait de mourir ! Visiblement, cela allait au-delà de son engagement dans la lutte contre le sida », remarque cet hémato-oncologue d'origine française qui connaît bien Réjean Thomas.

Le docteur Routy avance que cela doit illustrer le besoin du peuple québécois d'avoir des héros, des sauveurs : « Autrefois, dit-il, la compassion et la charité envers les démunis étaient réservées à l'action humanitaire catholique. Après la révolution tranquille et le rejet des institutions catholiques, il y a eu un vide à ce niveau-là. Or, des personnalités laïques sont venues combler ce vide. Aux yeux de bien des Québécois, Réjean incarne une action humanitaire nouvelle et laïque fondée sur les mêmes valeurs d'entraide et de compassion que le catholicisme. C'est ironique de constater qu'un homme gai à l'allure de star accomplit un travail semblable à celui que faisait le cardinal Paul-Émile Léger… et suscite autant d'admiration. »

« Si, dans un autre siècle, Réjean Thomas avait embrassé la religion, il aurait été missionnaire en Afrique auprès des malades et des parias », lance l'auteure Janette Bertrand. « Et, pour moi, un missionnaire, c'est aussi un naïf. Réjean a une belle naïveté. Dans mon vocabulaire, le mot "naïf" n'a rien de péjoratif, car, ultimement, personne ne peut vraiment changer les choses. Seulement de petites, petites, petites affaires… »

J'accuse !

Je ne suis pas un missionnaire. Je crois aux briques qui, l'une après l'autre, finissent par faire un mur, puis toute une maison. D'ailleurs, je suis athée et je n'aime pas la connotation religieuse du mot.

En 1991, Réjean Thomas avait fait une sortie véhémente contre les commissaires catholiques et intégristes de la CECM qui refusaient de faire installer des distributrices de condoms dans les écoles secondaires, pour favoriser la prévention chez les adolescents : « J'accuse la CECM, ses dirigeants et ses commissaires, par leur étroitesse d'esprit, d'être en partie responsable des prochaines victimes du sida ! », avait-il lancé lors d'une conférence de presse agitée. [5]

J'ai de la difficulté avec les autorités religieuses, mais pas avec les individus qui ont la foi. En Haïti, j'ai vu, de mes yeux vu des religieuses distribuer des condoms à des malades du sida ! Elles me disaient qu'elles étaient en désaccord avec le pape !

« Réjean est un curieux mélange de Bernard Kouchner, de Lady Di et du cardinal Léger ! », résume en riant l'ancien chef du Parti québécois, André Boisclair, un de ses très bons amis.

---

[5]   TROTTIER (Éric). « Un médecin tient la CECM en partie responsable des prochaines victimes du sida », *La Presse*, 6 avril 1991.

Si Dieu existe...

S'il y a un fond catholique dans le travail du docteur Thomas, c'est parce qu'il a, depuis 25 ans, côtoyé et soulagé la souffrance humaine grâce à la lutte contre le VIH/sida et à l'aide humanitaire. Malgré cela, il se définit, sans hésitation, comme un athée. Ce qu'il a vu et vécu durant toutes ces années a inévitablement bousculé sa croyance.

Ça a été un long processus. À Tilley Road, j'étais enfant de chœur. Mon père est très catholique. Ma mère était croyante, mais elle questionnait tout de même le clergé, le pouvoir religieux. Plus tard, jeune adulte, j'allais moins à l'église, mais je demeurais toujours croyant.

Autour de 30 ans, en voyant les préjugés tenaces de l'Église face au sida et à l'homosexualité, j'ai commencé à décrocher. J'ai alors réalisé que j'étais catholique par paresse. C'est plus facile de croire en Dieu que ne pas y croire. C'est beaucoup moins angoissant.

Puis, un jour, fatigué de voir mes amis et mes patients de 25, 30, 35 ans mourir les uns après les autres du sida, j'ai remis ma foi en question et éprouvé de la colère envers Dieu. Alors j'ai regardé le ciel et, que Dieu existe ou pas, je lui ai parlé ce jour-là.

Je lui ai dit : « Ça ne se peut pas, tout ce monde que j'aime et qui meurt. Si tu existais, tu ne ferais pas ça. C'est trop injuste. »

Aujourd'hui, je n'ai pas besoin de la religion pour remplir ma vie. Il y a plein d'autres choses : les arts, l'opéra, la lecture, le cinéma me nourrissent spirituellement plus que la religion. Je suis curieux. Je m'interroge. Je doute. Je discute. Finalement, je pense que j'ai une spiritualité active.

Et puis, en tant qu'homme de science, c'est paradoxal de croire en Dieu. Scientifiquement, ça ne marche pas ! On ne peut rien prouver. Probablement que la vie n'a pas de sens. Mais la vie est quand même riche et intéressante, justement parce qu'elle a plusieurs sens qui nous échappent.

Tout compte fait, ma religion, c'est l'hédonisme. J'aime le plaisir de bien manger, de m'amuser avec mes amis, de profiter de la vie. Je crois que la vertu endort. Les gens vertueux sont généralement ennuyants. Les gens imparfaits sont plus intéressants.

On se pose trop de questions sur la vie et on oublie de simplement la vivre. Il faut vivre, c'est tout ! Il faut arrêter de chercher, de toujours se dire « dans 10 ou 20 ans, quand j'aurais ceci ou cela, je vais enfin être heureux » ou, au contraire, de toujours être nostalgique du « bon vieux temps ». Il faut être heureux là, dans le moment présent. Point.

LE COMBATTANT

« En juin 1981, nous avons examiné un jeune homme
gai atteint d'une des déficiences immunitaires les plus
dévastatrices que nous ayons jamais vues !
Alors nous nous sommes dit : " Nous ne savons pas de
quoi il s'agit exactement, mais nous espérons une chose :
ne plus jamais revoir un cas semblable… " »

– Dr Samuel Broder, dans un discours devant l'Organisation
mondiale de la santé (OMS). Dans les années 1980, ce médecin
travaillait au National Cancer Institute aux États-Unis.

Pour l'instant, on ne sort pas du sida.
D'un côté la dérive, la misère et la souffrance,
de l'autre la mort assurée. Qui feint de ne pas
comprendre cette équation injuste sera coupable de
non-assistance à des personnes en danger.

– Bernard Kouchner, *Ce que je crois (Génération sida)*

« Je n'ai pas peur de mourir parce que je ne connais pas
la mort, mais j'ai peur de ne plus vivre car je connais
bien la vie… »

– Anonyme (un patient décédé du sida en 1994)

LE COMBATTANT
Des nouvelles du front

En 1981, aux États-Unis, toute la communauté scientifique et médicale parle d'une obscure maladie : le « cancer gai ». Quelques hommes parmi la communauté homosexuelle de New York et de San Francisco souffrent d'un mal foudroyant qui détruit leur système immunitaire et les emporte en quelques mois.

Les spécialistes et les médecins américains connaissent peu de choses de cette terrible maladie, sinon qu'elle semble se propager par les relations sexuelles et le sang. Ils parlent aussi de la maladie des quatre *H* : homosexuels, Haïtiens, héroïnomanes et hémophiles. Puis on lui donnera un nom : le syndrome d'immunodéficience acquise (sida).

Quatre petites lettres qui passeront à l'histoire.

Rétrospectivement, on sait maintenant que le premier cas de sida est apparu bien avant, en 1959, au Congo belge, maintenant appelé Zaïre. Et l'infection pourrait remonter aux années 1930... Elle serait imputable, comme pour beaucoup d'épidémies, aux mauvaises conditions de vie en lien avec l'environnement, l'hygiène, voire l'esclavage. En fait, on pense que le virus a été transmis des singes aux humains par les chasseurs, puis que le virus a muté.

La « maladie des Américains »

À la clinique de Verdun au début des années 1980, dès qu'il y a des cas de MTS (la syphilis et l'herpès sont alors les maladies les plus répandues), on les dirige vers Réjean Thomas et 2 autres médecins, Alain Campbell et Sylvie Ratelle.

Quand je suis arrivé à Montréal, j'étais un jeune médecin qui habitait au centre-ville. Et quand on est un jeune médecin, on a souvent une clientèle de notre âge, parce que beaucoup de jeunes n'ont pas de médecin de famille. Alors les derniers arrivés accueillent cette clientèle. Et comme les jeunes sont plus actifs sexuellement, il y a davantage de MTS. J'ai donc commencé à m'intéresser à ces maladies. Puis le sida est arrivé par hasard dans ma vie...

En 1982, un Québécois de 25 ans qui habitait New York depuis peu débarque dans son bureau en lui lançant tout de go :

« Docteur Thomas, je pense que j'ai attrapé la maladie des Américains ! » Le jeune homme avait des symptômes s'apparentant à ceux du sida : des champignons dans la bouche, beaucoup de ganglions, de la forte fièvre, il avait perdu du poids...

Ce patient a été mon premier contact réel avec le sida. Hélas, je ne pouvais rien faire pour lui. Et, pour un médecin, c'est la pire des choses que d'admettre son impuissance, son ignorance. D'ailleurs, l'immense souffrance et la solitude des patients atteints du sida ont été une grande leçon d'humilité pour les médecins à l'époque.

Le malaise des médecins

À l'été 1984, les docteurs Alain Campbell et Sylvie Ratelle ont un projet : ouvrir une clinique spécialisée dans les maladies transmises sexuellement (MTS). Ils en parlent donc à leur ami Réjean Thomas. Selon eux, il y a un réel besoin d'une telle clinique au centre-ville de Montréal. Les médecins, en général, étaient mal à l'aise avec les questions entourant la sexualité, et ils manquaient d'expertise en la matière, principalement envers la clientèle gaie ou marginale.

Les gens avaient le goût de parler de leur sexualité, de recevoir de la contraception ou un diagnostic d'herpès sans se faire traiter comme quelqu'un qui mène une mauvaise vie. À l'époque, les patients se ramassaient dans les urgences ou parfois dans les cliniques de maladies infectieuses des hôpitaux. C'est la différence avec le modèle de l'Actuel, qui est beaucoup plus communautaire, hors du milieu hospitalier, et qui favorise davantage le contact patient-médecin.

Pendant qu'il était en réflexion sur sa pratique à la clinique de Verdun, Réjean Thomas avait posé sa candidature pour un poste de médecin dans une ambassade du Canada en Asie et dans un pays des Caraïbes. Finalement, il a jugé le projet de la nouvelle clinique de MTS trop stimulant pour partir à l'étranger. Il a décidé de rester à Montréal pour se lancer dans ce qui s'est avéré la plus grande aventure de sa vie.

La naissance de L'Actuel

En septembre 1984, Réjean Thomas fonde, avec Alain Campbell, Sylvie Ratelle et Michel Marchand, la clinique médicale l'Annexe, rue Amherst, au cœur de ce qui est devenu plus tard le Village gai de Montréal. C'est une clinique spécialisée dans la prévention, la recherche, le traitement et le dépistage des MTS et du sida.

Trois ans plus tard, Alain Campbell et Sylvie Ratelle quittent la clinique pour aller pratiquer aux États-Unis. Les docteurs Michel Marchand, Clément Olivier, Suzanne Côté et Réjean Thomas s'associent donc pour relancer la clinique sous un autre nom : l'Actuel. Cette année-là, le sida est foudroyant.

C'est le début d'un long et périlleux combat, une période extrêmement difficile durant laquelle le docteur Thomas se battra contre une des pires maladies du siècle. Une infection incurable et foudroyante qui représente un immense défi humain et social pour le docteur Thomas et ses collègues.

Le sida est une maladie très physique (tous les organes sont touchés), mais aussi sociale. En soignant les sidéens, un médecin doit également lutter contre les préjugés, l'exclusion et la discrimination. Il touche à des sujets tabous : la sexualité et l'homosexualité, la toxicomanie et la prostitution, l'euthanasie et le suicide assisté. Et, bien sûr, la mort.

Tous les champs de la médecine sont présents avec le sida. Pour moi, la médecine représente un outil de transformation sociale. C'est un destin rare, un tel fléau dans l'histoire de l'humanité... Tu as le choix : tu t'engages dans cette guerre ou tu n'y vas pas. Il n'y a pas de compromis. J'ai décidé d'embarquer... comme un soldat qui va au front. D'ailleurs, quand je revois aujourd'hui des médecins qui étaient au front avec moi dès le début, on s'appelle à la blague le groupe des anciens combattants ! (rires)

Vaincre les préjugés

Les premières années, tout était à faire. Les médecins partaient carrément à zéro. Au fil du temps, ils gagnaient un peu plus de connaissance.

Rappelons-nous que les tests de dépistage sont arrivés seulement au début de 1985. Outre la maladie, il nous fallait combattre la panique. On la retrouvait partout : dans les médias, dans les hôpitaux, au ministère de la Santé et parmi la population. Le monde était plongé dans la peur et l'ignorance. Les malades étaient victimes de préjugés honteux, d'exclusion sociale. Ils avaient de la difficulté à se faire soigner. Ils perdaient leur emploi ou leur logement. On jetait même des enfants en dehors d'une école à Montréal parce que leurs parents étaient atteints du VIH !

L'hécatombe

À l'époque, chaque jour à la clinique, j'apprends qu'un patient ou un collègue vient de mourir... sans parler des amis et des proches. Les médecins et les employés de la clinique pleurent régulièrement. Ils sont épuisés, fragiles, déprimés. Mon meilleur ami, Raymond, que j'ai connu à Rimouski, meurt aveugle et atteint de démence... Ensuite, ça a été mon collègue et le cofondateur de l'Actuel, Michel Marchand, juste avant l'arrivée de la trithérapie. Précisons que tous les deux ont contracté le virus avant de savoir que cette maladie existait.

Chaque matin, je commence à lire le journal avec la chronique nécrologique. Je vais régulièrement aux funérailles de patients ou de connaissances. Un jour, j'ai décidé de cesser d'y aller... parce que c'était trop douloureux et souffrant.

Malgré la mort et les mauvaises nouvelles, j'essaie de rester optimiste. Je continue d'encourager la prévention et surtout de lutter contre la discrimination envers les malades. Car il est clair que la peur vient d'un cruel manque d'information, d'éducation. Les gens ne font pas la différence entre une maladie transmissible et une maladie contagieuse, comme la tuberculose.

Alors je prends la décision de m'impliquer, en participant au comité Sida-Québec dès 1982 et, plus tard, en intervenant régulièrement dans les médias. Avec les malades et les groupes communautaires, les médias vont jouer un rôle très important et contribuer à faire tomber les préjugés face au sida au Québec. Et c'est à ce moment-là que débute ma vie publique.

Médecin de cœur

À l'époque, la télévision et le cinéma aideront à faire connaître Réjean Thomas. D'abord, le très beau documentaire réalisé par Tahani Rached et produit par l'ONF, *Médecins de cœur*, suit durant une année le docteur Thomas ainsi que des médecins et des malades de la clinique l'Actuel. Ensuite, *Missionnaires du sida*, une dramatique pour la télévision signée Janette Bertrand et inspirée du travail du docteur Thomas. *Missionnaires du sida* mettait en vedette Marc Béland, Élise Guilbault, Jean Petitclerc et Mario Saint-Amand, bouleversant dans le rôle d'un jeune sidéen révolté, qui est « fatigué de mourir » et qui souhaite « partir dans la dignité ». D'ailleurs, Saint-Amand et Béland ont remporté chacun un prix Gémeaux pour leur prestation.

L'antichambre de la mort

Entre 1990 et 1996, le sida est la première cause de mortalité chez les hommes de 20 ans à 45 ans au centre-ville de Montréal. À la clinique l'Actuel, la salle d'attente ressemble à un champ de bataille. L'angoisse et la souffrance y sont palpables.

Il y a plein d'hommes défigurés, amaigris, vieillis, aux dos voûtés. La plupart de ces hommes ont 30 ans à peine, mais ils ressemblent à des vieillards moribonds de 70 ans. Certains sont aveugles, d'autres ont des atteintes neurologiques importantes, des tumeurs au cerveau, un sarcome de Kaposi qui laisse des taches violacées partout sur leur corps frêle.

Assis côte à côte dans la salle, on trouve un condensé de la faune bigarrée du centre-ville montréalais : des prostituées, des sans-abri, des toxicomanes, des homosexuels, des gens de nationalités diverses. Pour le commun des mortels, le sida, c'est la maladie des autres. Celle des gais, des toxicomanes, des marginaux. À l'Actuel, c'est la maladie d'êtres humains blessés et de laissés-pour-compte, l'inévitable morsure dans la fragilité de la vie.

Souvent, à la clinique, je reçois des témoignages de séropositifs, ou encore des héroïnomanes sous méthadone. Ils me disent : « Heureusement que l'Actuel est là, sinon on ne saurait pas où aller... »

Je me souviens d'un jeune toxicomane venu à la clinique pour un dépistage de MTS. Il avait le dos voûté, le visage hagard. Il fuyait mon regard et restait silencieux. Or, moi, je lui parlais en le regardant dans les yeux et en l'appelant par son prénom. Après trois visites, son attitude a changé. Subitement, il se tenait droit, il me regardait dans les yeux, il me posait des questions. Il nous faisait confiance parce qu'il avait été traité avec respect, autant par les réceptionnistes que par les médecins. On le considérait comme un être humain, et non comme un numéro...

On oublie trop souvent que les toxicomanes, les sans-abri ou les jeunes de la rue essaient de s'en sortir. Mais ils trouvent ça dur. Ces jeunes itinérants ont des passés familiaux lourds. Ils ont souvent été victimes d'abus physiques, psychologiques ou sexuels. C'est trop facile de les juger, de les mépriser ou de les ignorer.

L'autre mur de Berlin

En juin 1993, Réjean Thomas se rend en Allemagne pour assister à la IXᵉ Conférence internationale sur le sida à Berlin.

Les délégués du monde entier sont très fébriles. Ils ont hâte de prendre connaissance des nouvelles données scientifiques sur l'AZT, ce nouveau médicament qui, on l'espère, pourra empêcher le sida de progresser chez les séropositifs. Une nouvelle étude doit démontrer si l'AZT fonctionne... ou pas.

Hélas, les résultats de l'étude s'avèrent une véritable catastrophe: la conférence de Berlin démontre sans équivoque que l'AZT utilisé seul est un traitement inefficace. De toutes les conférences tenues depuis 25 ans, celle de Berlin demeure la pire. Il y a même eu des altercations entre des militants d'Act Up Paris[6] et des conférenciers représentant les divers gouvernements. Les militants d'Act Up les bousculent et les agressent verbalement en distribuant des tracts réclamant une réorientation complète de la politique de prévention du sida en Occident.

Mais plus pénible encore sera le retour à Montréal, car je devrai annoncer la terrible nouvelle à mes

---

[6]   Act Up est une association militante de défense des malades du sida reconnue pour ses coups d'éclat et ses manifestations publiques radicales. Fondée en 1987 à New York par l'auteur Larry Kramer, l'association a essaimé et ouvert des sections dans plusieurs villes en Europe et en Amérique du Nord. Comme toutes les autres associations de malades, Act Up a été confrontée à une baisse du nombre de ses militants dans la deuxième moitié des années 1990 avec l'arrivée de la trithérapie.

*patients qui, comme à chaque fin de conférence,
m'attendent avec impatience, remplis d'espoir et
curieux de savoir comment avancent les recherches.*

*Moralement, je suis au plus bas, tant dans ma pra-
tique que dans ma vie personnelle. C'est l'hécatombe
chez les malades. Je ne vois pas quand et où il y aura
de la lumière au bout du tunnel.*

Les préjugés du milieu

Comme si la peur et l'ignorance de la population ne
suffisaient pas, Réjean Thomas et ses collègues doivent
aussi mener une autre bataille : celle contre les préjugés
et l'hostilité à l'intérieur du système de santé.

*À ma grande tristesse, les professionnels de la santé
n'accueillent pas tous à bras ouverts les sidéens.
Loin de là. Ces derniers sont perçus comme des
cas lourds qui vont bientôt mourir. Inexorablement.
À leurs yeux, les sidéens prennent des lits qui seraient
plus utiles pour des patients atteints de « maladies
plus nobles »...*

*Plusieurs médecins de la région métropolitaine
refusent même de voir les patients recommandés
par l'Actuel. Mes collègues et moi devons toujours
nous battre pour leur permettent d'avoir accès à
des soins spécialisés. L'aspect contagion, lèpre du*

XXe siècle, en rebute plusieurs. Les préjugés sont forts, l'homophobie très présente, et les toxicomanes ne sont pas les bienvenus. Heureusement, à l'époque, il y avait aussi quelques médecins merveilleux à l'Hôtel-Dieu, à Saint-Luc ou à Notre-Dame, qui ont été très coopératifs et bons pour nos malades. Et qui les ont soignés sans leur enlever leur dignité.

Une situation qui persiste...

Plus ça change, plus c'est pareil? En septembre 2007, sous le titre « La discrimination perdure », le journal *La Presse* faisait sa une avec les cas de discrimination envers des personnes atteintes du VIH dans le milieu de la santé au Canada : « [...] des médecins qui ne veulent pas soigner des séropositifs, des opérations refusées, la confidentialité brisée [...] ».[7]

Les préjugés sont tenaces. Récemment, j'ai envoyé un patient gai et séronégatif en dermatologie à l'hôpital. Quand il a consulté le spécialiste, ce dernier lui a lancé bêtement : « Est-ce qu'il y a du monde normal à l'Actuel ? ». Découragé d'entendre de tels propos dans la bouche d'un spécialiste en 2008, il a quitté sur-le-champ et est allé ailleurs.

---

[7]   BRETON (Pascale). *La Presse*, 2 septembre 2007.

La pensée magique

Réjean Thomas et ses collègues de l'Actuel doivent aussi se battre contre le déni et la pensée magique.

Certains de mes patients arrivaient régulièrement dans mon bureau avec des coupures de journaux annonçant un vaccin miracle, ou encore un nouveau traitement bidon contre le sida. Je me rappelle l'urinothérapie, qui consistait à boire de l'urine pour augmenter ses CD4[8] et son système immunitaire!

Je devais remettre les pendules à l'heure, infirmer ce genre de nouvelles pseudo scientifiques et éteindre les lueurs d'espoir de mes patients. D'autres malades tombaient plutôt dans le déni. C'était pénible. J'étais le messager de mauvaises nouvelles...

L'arrivée de la trithérapie

Autant à Berlin, en 1993, ça avait été la grosse déprime avec les résultats sur l'AZT en monothérapie, autant 3 ans plus tard, lors de la XIe Conférence internatio-

---

8   Le VIH utilise des cellules du système immunitaire appelées cellules CD4, dont le rôle est de coordonner le système immunitaire. En utilisant ces cellules, le VIH diminue le nombre de CD4 et cause donc un affaiblissement du système immunitaire. Source : Clinique l'Actuel, www.cliniquelactuel.com.

nale du sida en 1996 à Vancouver, ce sera l'euphorie ! Une étude scientifique va prouver l'efficacité d'un nouveau cocktail de médicaments : la trithérapie. Il s'agit de trois médicaments antirétroviraux qui, pris ensemble, contrôlent le virus en permettant au système immunitaire de ne pas se détériorer.

Malgré le scepticisme du début, l'espoir renaît pour les médecins, les malades et leurs proches.

La trithérapie va être une véritable révolution médicale ! Nous assistons carrément à des miracles à l'Actuel. En 1996, j'avais des patients mourants, frêles et recroquevillés dans leur fauteuil roulant et, aujourd'hui, plusieurs sont encore vivants et en bonne santé ! Rapidement, le taux de mortalité et d'hospitalisation a diminué d'environ 80 % à 90 % !

Le fossé entre riches et pauvres

Cette bonne nouvelle a aussi son revers. Elle creuse davantage le fossé entre pays riches et pays pauvres, et elle rend encore plus ardue la tâche de faire de la prévention.

Avant la conférence de Vancouver, il y avait une solidarité entre tous les pays : pauvres, en développement ou riches, occidentaux ou orientaux, du nord ou du sud. Après Vancouver, cette solidarité s'est effritée. Depuis, les riches vont aux conférences sur les traitements et leurs effets secondaires, et les pauvres assistent aux conférences concernant la prévention.

Ce n'est pas uniquement une question d'argent : on trouve aussi du racisme. Depuis que les pays riches ont accès à la trithérapie, ce n'est plus une priorité pour certains médecins et gouvernements en Occident. En 1996, des médecins affirmaient que les Africains ne prendraient jamais leurs médicaments parce qu'ils ne sont pas assez stables... Or, aujourd'hui, de 10% à 20% des malades africains ont accès à la trithérapie. Et, contre toute attente, les Africains suivent mieux la posologie que les malades des pays riches !

Vers un vaccin ?

En 25 ans, depuis les premiers cas déclarés, le sida s'est transformé. De maladie mortelle, il est devenu une maladie chronique qu'on peut traiter. En Occident, grâce à la trithérapie, le taux de mortalité a baissé de 90%. Les malades sous trithérapie ont une bonne qualité de vie. On avance constamment dans la recherche. Sans donner de date, certains experts estiment qu'un jour on pourra, enfin, enrayer le virus et la maladie...

Récemment, quatre médecins suisses, experts en VIH et de renommée mondiale, ont d'ailleurs fait poindre un peu d'espoir. D'après leur étude publiée en janvier 2008 dans le *Bulletin of Swiss Medecine*, les patients séropositifs sous trithérapie efficace ne mettraient plus en danger leurs partenaires sexuels! Cette nouvelle a fait couler beaucoup d'encre dans les médias l'hiver dernier.[9]

C'est une avancée énorme, qu'il faut nuancer cependant, et qui devrait avoir des impacts majeurs auprès des malades ainsi que dans la communauté médicale, tant sur le plan des soins et de la prévention que sur le plan légal.

Selon ces spécialistes, les personnes infectées par le VIH, qui suivent un traitement antirétroviral et qui n'ont pas d'autres infections transmissibles sexuellement (ITS), ne sont plus considérées comme infectieuses sexuellement. Mais les spécialistes font une mise en garde : la thérapie doit être scrupuleusement suivie, le virus doit être indétectable dans le sang depuis six mois au moins, et on ne doit avoir aucune autre maladie sexuellement transmissible. Il n'en demeure pas moins que c'est une nouvelle majeure

---

[9] GIRARD (Mario). « Les patients en trithérapie ne peuvent transmettre le VIH », *La Presse*, 2 février 2008.

qui a réjoui les malades à son annonce. Bien sûr, on recommande toujours aux malades d'utiliser le condom.

Un oubli fatal

Pour l'instant, le sida demeure une maladie chronique. La difficulté avec la trithérapie — outre les complications liées aux effets secondaires : diabète, cholestérol, maladies cardio-vasculaires —, c'est de faire prendre leurs médicaments aux malades. S'ils oublient des doses, le virus développe des mutations et devient rapidement résistant. Pour un malade qui souffre d'hypertension et qui oublie à l'occasion de prendre son médicament, les conséquences sont moins graves. Mais si un patient du VIH oublie ses médicaments une fois par semaine, ça peut être un oubli de trop...

Avec l'arrivée de la trithérapie, nous avons baissé les bras dans la lutte contre le sida. Au Québec, malheureusement, on parle de moins en moins du sida dans les médias ou dans les écoles. Bien que le sida reste une maladie grave qui se prévient, le budget pour les infections transmises sexuellement (ITS) a très peu augmenté depuis 20 ans malgré des statistiques très troublantes, à l'état épidémique.

Depuis quelques années, les données épidémio-logiques indiquent toujours une augmentation des cas d'infection au VIH, particulièrement chez les hommes ayant des relations sexuelles avec d'autres hommes, ainsi que des MTS en général.

En 1998, la syphilis avait pratiquement disparu au Québec: seulement 3 cas déclarés. Depuis, la maladie progresse de façon explosive. En 2006, les responsables de la santé publique ont recensé près de 400 cas de syphilis. Et il y a aussi plus de cas de chlamydia, de gonorrhée (une hausse de 68% de 2004 à 2007), d'herpès... Toutes les ITS (infections transmises sexuellement) augmentent de façon catastrophique. Pire, les ITS haussent de façon significative le risque pour la transmission du VIH. Le ministère et la santé publique pourraient faire plus devant une maladie si grave. Au contraire, il coupe son budget de moitié.

En 2007, à l'Actuel, 30% des patients atteints du VIH et nouvellement diagnostiqués avaient moins de 30 ans et, parmi eux, 12% avaient moins de 25 ans! Le VIH/sida est une maladie que l'on pourrait prévenir, contrairement à d'autres maladies, si on y mettait les efforts au lieu de l'accepter comme un fait inévitable. Le VIH touche des groupes déjà marginalisés: gais, toxico, immigrants.

« Réjean a aussi été médecin en santé publique, se rappelle André Boisclair. Il croit à la vertu de l'éducation et de la prévention. Je me souviens que lors de son premier discours politique, durant sa campagne dans Saint-Henri en 1994, Réjean n'a pas parlé de santé… Il a parlé d'éducation. »

Je dis souvent que la prévention doit commencer dès l'école, avec des cours d'éducation sexuelle. Mais on ne doit pas commencer le premier cours en abordant les MTS. On garde ça pour le 15ᵉ ou le 16ᵉ cours. Il n'y a pas juste du mauvais et du danger dans la sexualité. Si tu dis ça aux jeunes, ils ne t'écouteront tout simplement pas.

La sexualité, c'est aussi quelque chose de bon… et de très, très fort. C'est une combinaison de plusieurs sentiments humains. Un besoin d'être aimé, de ne pas se sentir abandonné. Un mélange de plaisir, de désir, de jouissance, d'harmonie, de bonheur… mais aussi de carences, de blessures, de possession, de manque d'estime de soi. Alors ceux qui pensent pouvoir contrôler la sexualité avec de petites campagnes faciles vont devoir se lever de bonne heure ! C'est pas mal plus complexe que ça. Tout le reste n'est qu'hypocrisie.

Il y a des patients qui arrivent à la clinique avec une MTS et qui se sentent honteux, sales. Ils me disent :

« Vous ne me verrez plus jamais, docteur. » Six mois plus tard, ils reviennent avec une autre MTS. Quelle naïveté! Moi, je m'assume et j'aime le monde qui s'assume.

Pourquoi se sentir coupable, victime, honteux? À cause d'un fond judéo-chrétien? Je ne suis pas là pour faire la morale, même si certains patients aimeraient ça. Peut-être que je me trompe... Mais je crois que ma fonction, c'est d'être là pour les informer, leur donner l'heure juste. Pas pour leur dire comment mener leur vie ou quoi faire avec leur sexualité. Je ne suis pas un prêtre.

Une MTS, c'est un incident dans le parcours d'une vie, pas un châtiment de Dieu. Il y a des MTS plus graves que d'autres, mais ça se soigne. Pas besoin d'en faire un drame.

Je parlais à Guy Corneau récemment, qui est en rémission du cancer. Il me disait: « Quand on t'annonce que tu as le cancer, tu ne dois pas te sentir coupable. Tu ne dois pas revenir sur le passé et te dire: " j'ai trop fait ci et pas assez ça. " Non. Par contre, tu peux décider ce que tu feras avec ton cancer, te prendre en main. »

L'exemple du Brésil

À l'été 2007, le président de la clinique l'Actuel reçoit une invitation du Bureau du secrétaire du gouverneur général à Ottawa. On lui demande d'accompagner une délégation pour une visite d'État d'une dizaine de jours au Brésil. Il s'agit d'une mission formée de 12 personnes provenant des milieux socioculturels et communautaires.

Au Brésil, j'ai rencontré des organismes qui luttent pour enrayer le sida. J'ai assisté à des conférences et à un spectacle d'une troupe de théâtre ayant pour thèmes l'exclusion et l'homophobie. Le Brésil est renommé à l'échelle internationale pour ses actions visant à lutter contre le sida. Il en a fait un enjeu national. C'est l'un des premiers pays du tiers-monde qui a eu accès à la trithérapie. Et malgré le fait que ce ne soit pas un pays riche, il a offert un accès universel et gratuit aux médicaments.

Au Brésil, il y a une belle solidarité chez les malades, et beaucoup d'espoir grâce à la trithérapie. Les Brésiliens parlent des médicaments de la trithérapie comme « des pilules de la vie », alors que, chez nous, certains malades ne font qu'évoquer les effets secondaires négatifs de leur traitement. Ça démontre comment on peut voir la réalité sous un jour différent.

Du courage politique

D'ailleurs, le gouvernement brésilien a engagé un bras de fer avec les multinationales pharmaceutiques. Il a demandé aux chercheurs du laboratoire public Far-Manguinhos de copier la formule de plusieurs antirétroviraux afin de produire des médicaments génériques beaucoup plus abordables.

Le Brésil a réussi à faire baisser de 80 % le prix des médicaments qui n'étaient pas brevetés. Grâce à la chute des prix, ce pays a aussi réussi à mettre en place un programme d'accès gratuit aux médicaments contre le sida. Le programme brésilien de lutte contre le sida est devenu un modèle pour les pays en développement. En 4 ans, le Brésil a distribué des médicaments à plus de 100 000 malades et a fait chuter de moitié le taux de mortalité dû au sida.

Le Brésil a eu le courage politique de changer les choses, et les résultats ont été à son honneur. Le gouvernement a pu économiser dans les dépenses de santé, dans la mesure où il y a eu une chute rapide du taux de mortalité liée au sida et donc moins d'hospitalisations.

Malheureusement, le Brésil, comme d'autres pays, n'a plus accès aux nouvelles molécules parce que son gouvernement a signé l'Accord de l'Organisation mondiale du commerce (OMC) pour effacer sa dette nationale. Cela l'oblige à respecter le droit à la propriété intellectuelle des fabricants et à payer le gros prix pour les médicaments. Car, en faisant partie de l'OMC, le Brésil n'est plus considéré comme un pays sous-développé.

Le lobby pharmaceutique

En 1997, l'Afrique du Sud présente un projet de loi autorisant à passer outre les brevets en cas de crise de santé publique. Tout de suite, les grandes firmes pharmaceutiques mondiales jugent cette loi inacceptable. En 1998, elles l'ont fait bloquer en intentant un procès contre le gouvernement sud-africain. Les compagnies ont prétexté que cela nuirait au développement de nouveaux médicaments.

L'acharnement des laboratoires pharmaceutiques à défendre leurs brevets (au prix de la vie des malades) et à poursuivre un État ravagé par le sida (10 % de la population d'Afrique du Sud était alors infectée par le VIH) a scandalisé l'opinion publique mondiale. Le procès s'ouvrira 3 ans plus tard à Pretoria. En avril 2001, un mois après l'ouverture du procès, les compagnies pharmaceutiques retirent leur plainte, et ce, sans condition. Une humiliante défaite pour l'industrie pharmaceutique et une grande victoire pour les malades du sida des pays pauvres.

Toute cette question de propriété intellectuelle passe beaucoup par le lobbying *pharmaceutique américain. Dans la recherche sur le sida, les chercheurs américains sont très forts et très coriaces. Et les compagnies font tout pour protéger leur brevet sur les médicaments. Mais nos malades ne vivraient pas sans les médicaments ni les recherches de ces compagnies.*

Hélas, l'État laisse toute la place à l'industrie. Les gouvernements devraient investir davantage dans la recherche et mieux réglementer l'industrie pharmaceutique au lieu de se désengager.

La prévention par la pub

Le Brésil est aussi un pays que Réjean Thomas aime citer pour ses campagnes de prévention.

Par exemple, le gouvernement brésilien a produit régulièrement des modèles de publicités en matière d'éducation sexuelle et diffusées à l'échelle nationale, des pubs sexy, bien réalisées et bien ciblées, qui ressemblent aux annonces de bière à la télévision au Québec. On voit des jeunes s'amuser sur la plage et coucher ensemble, puis on apprend que l'un d'eux est séropositif. Au Québec, il n'y a pas assez de campagnes de prévention pour une maladie aussi grave. Et les campagnes qui ont été faites sont loin d'être aussi efficaces que celles du Brésil, comme si on avait oublié qu'il vaut mieux prévenir que guérir.

Pour Réjean Thomas, les autorités de santé publique doivent agir au plus vite, et aussi investir davantage dans l'éducation et la prévention auprès des hommes gais.

Par exemple, dans le cadre de la Journée mondiale du sida, en 2007, le ministère de la Santé et des Services sociaux a choisi de sensibiliser la population aux besoins des personnes qui s'injectent des drogues, ce qui est louable, même si l'incidence de la maladie pour ce groupe est relativement stable depuis 2005. Pourtant, les hommes gais représentent la catégorie d'exposition au virus la plus importante, soit environ 60 % des 1000 à 1500 nouvelles infections par année.

En mai 2008, le COCQ-Sida a publié une étude sur le financement public de la prévention des ITS. En 2005-2006, plus de 44 % du budget de santé publique (1 467 714 $) étaient destinés aux utilisateurs de drogues intraveineuses (20 % des nouvelles infections au VIH) et seulement 13 % (443 693 $) aux hommes ayant des relations sexuelles avec d'autres hommes

(HARASH), un acronyme pour définir les hommes gais et bisexuels et 60% des nouvelles infections au VIH.

La génération qui a de 16 à 26 ans n'a pas reçu d'éducation soutenue sur le sida et les MTS. Cette génération n'a pas été en contact direct avec le drame du sida, cette maladie mortelle qui tuait nos amis. Ce n'est pas une seule et unique campagne d'information qui va régler l'épidémie du VIH et des ITS. Il faut un effort soutenu en prévention et sur tous les fronts, comme les gouvernements l'ont fait avec succès dans la lutte contre le tabagisme depuis 1990, ou depuis quelque temps avec la vitesse au volant.

Sinon, au bout du compte, le gouvernement va payer à long terme son manque de volonté. En une décennie, la moyenne d'espérance de vie des patients séropositifs suivant un traitement a augmenté en flèche. Elle est passée de 7 ans à 30 ans, d'après une étude américaine![10]

---

[10]   Source: Bruce Schackman, professeur adjoint au département de santé publique du New York's Weill Cornell Medical College, novembre 2006.

En supposant que 500 personnes par année commencent à suivre un traitement de trithérapie (et en partant de zéro), ça coûtera 2,5 milliards en 25 ans... au lieu des 90 millions de dollars d'aujourd'hui. C'est beaucoup d'argent qu'on peut épargner en augmentant le budget de la prévention.

Portrait global

On recense plus de 25 millions de morts du sida depuis les débuts de l'épidémie. En 2006 seulement, 3 millions de personnes sont mortes du sida. Près de 40 millions de personnes sont infectées par le VIH/sida dans le monde, et 7000 nouveaux cas s'ajoutent chaque jour. Au Canada, près de 27 % des personnes touchées ne sont pas conscientes de leur infection...[11]

En 2010, on estime qu'il y aura 15 millions d'orphelins du sida et 100 millions de personnes atteintes de la maladie en Afrique. Dans certains pays d'Afrique, l'espérance de vie diminue sans cesse. Elle est passée de 60 ans à 35 ans, et ce, en moins d'une décennie! (Contrairement à l'Occident, où l'on meurt toujours de plus en plus tard. Au Québec, l'espérance de vie est de 83 ans pour les

---

[11]   Source : Fondation Fahra.

femmes et de 78 ans pour les hommes.) Lorsque les écoles, les champs, les entreprises sont vides parce que les enfants, les enseignants, les agriculteurs et les ouvriers se meurent, c'est toute une société qui s'effondre.

Malgré ces chiffres, on fait trop peu de choses. C'est terrifiant, car il faut agir. Si, aujourd'hui, on n'investit pas massivement dans la prévention, demain, je crains de voir le cas de l'Afrique se reproduire. L'épidémie va se répandre en Europe de l'Est, en Inde et en Russie où le sida progresse dramatiquement... Hélas, je ne suis pas très optimiste sur la capacité des êtres humains à tirer des leçons de l'histoire.

Réjean Thomas est découragé lorsqu'il constate les priorités des gouvernements dans le monde.

Par exemple, en 2004, l'argent investi par les États-Unis dans la guerre en Irak aurait permis de financer la lutte contre le sida pendant... 14 ans.

En décembre 2007, la facture atteignait 144 milliards de dollars! Avec ce montant, le gouvernement des États-Unis aurait pu effectuer une campagne mondiale de vaccination infantile pendant 48 ans!

Ou encore, il aurait pu embaucher deux millions et demi de professeurs et les payer durant un an !

Un tabou universel

Bien sûr, pour le docteur Thomas, il y a clairement une responsabilité individuelle dans la transmission du sida. Mais il y a aussi une responsabilité sociale, publique et politique de nous informer sur le sida.

Le sida est tabou partout dans le monde : à Moscou chez les toxicomanes, chez les femmes enceintes de Cité Soleil en Haïti, au Zimbabwe où il y a pourtant un million d'orphelins du sida, soit 10 % de la population, et même à Montréal dans le Village gai...

C'est un peu déprimant de constater que, 25 ans plus tard, cette maladie demeure honteuse. Je pense que les jeunes gais devraient pouvoir aborder la question du sida alors qu'on en parle très peu. Dans un numéro récent de la revue française Têtu *(janvier 2008), un dossier pose la question : « Est-ce que les gais ont abandonné la lutte au sida ? » Oui ! La communauté et les militants gais ont changé leurs priorités. Ces temps-ci, les nouveaux enjeux sont le mariage gai, l'homoparentalité, l'homophobie...*

La lutte au sida est devenue moins prioritaire chez les gais, peut-être épuisés de défendre cette cause.

En Afrique, le sida est relié à la pauvreté et aux relations inégales entre les hommes et les femmes. En Occident, le sida est relié à l'exclusion: l'homophobie, les préjugés contre les marginaux. Si, principalement, les hommes hétérosexuels, blancs et riches étaient touchés par le sida, les gouvernements seraient plus actifs dans la lutte au sida dans le monde. J'en suis convaincu.

Un suicide à petit feu

Il y a des patients qui passent régulièrement des tests de dépistage au bureau et je leur dis depuis des années de faire attention, de se protéger. Et puis, un jour, je leur annonce que leurs résultats sont positifs... Il ne faut pas se leurrer. Trop souvent, le sida est un suicide à long terme, à petites doses, à petit feu. Un suicide commis par des hommes et des femmes en détresse, vulnérables, qui souffrent de toxicomanie, de problèmes de santé mentale ou de manque d'estime de soi. Ils ont besoin de soutien psychologique. Pas seulement de tests de dépistage.

Parfois, j'ai l'impression de me répéter depuis toutes ces années. Mais, chaque jour à la clinique, je vois arriver de nouveaux cas d'infection. Or, à mes yeux, chacun d'eux représente un drame humain qu'on aurait pu éviter.

De nos jours, on parle beaucoup de pauvreté économique et sociale, mais on parle moins de pauvreté affective...

Actuellement, à Montréal et dans les autres grandes métropoles nord-américaines, il y a recrudescence de la transmission du VIH chez les gais. J'ai annoncé récemment à un homme de 60 ans qu'il était séropositif. Et il m'a répondu qu'il avait passé sa vie à craindre d'avoir le sida un jour ou l'autre... Pour lui, c'était son destin... Chez les homosexuels, le VIH/sida représente une épée de Damoclès.

On me demande souvent : comment annoncez-vous à un patient qu'il est séropositif ? Je lui annonce qu'il est séropositif. Point. Il n'y pas de scénario miracle. Je ne ferais pas d'une mauvaise nouvelle une bonne nouvelle. Mais après l'avoir annoncée, je peux leur donner espoir, leur parler des traitements, etc.

En 2005, une étude effectuée par le groupe de prévention Séro Zéro, auprès de la clientèle des bars gais du Village à Montréal, a démontré que 25 % des hommes se déclarant (anonymement) séronégatifs étaient, en fait, selon leur test sanguin, séropositifs...

Cela rappelle au docteur Thomas ce jeune homme gai de 17 ans qui s'est présenté à son bureau accompagné de sa mère pour avoir les résultats de son test.

Quand je lui ai dit qu'il était séropositif, il ne comprenait pas ce qui lui arrivait... Pour lui, comme pour beaucoup de jeunes dont la vie sexuelle a commencé après l'accès à la trithérapie, le sida demeure une maladie qui touche l'Afrique ou les vieux homosexuels.

Séropositifs : le dire ou pas ?

La réponse est oui, il vaut mieux le dire, mais la réalité est plus complexe. J'ai un patient séropositif de 53 ans qui n'a pas fait l'amour depuis 3 ans. Il vient de rencontrer quelqu'un avec qui il doit aller souper. Alors il vient me voir en consultation pour me demander conseil... Le dire ou pas ? C'est un patient à faible risque de contagion et qui me jure qu'il pratique le safe sex. *Finalement, il le lui a avoué. Et le lendemain, le gars lui a envoyé un courriel pour lui dire qu'il n'était plus intéressé à le voir... Quand il y aura de moins en moins de préjugés envers les séropositifs et qu'ils ne se feront pas rejeter par tous, ce sera plus facile pour eux de déclarer leur état de santé.*

Or, la société les juge, les condamne et veut même les criminaliser. Je pense que la criminalisation de la transmission du VIH est un couteau à deux tranchants[12]. Il y a des cas criminels évidents, comme les viols. Sinon, à force de stigmatiser les séropositifs, on encourage les gens à ne pas se faire dépister. Si tu ne le sais pas et que tu baises sans condom, ce n'est pas criminel. Mais si tu le sais, que tu fais attention et que tu pratiques le safe sex, *tu risques de te faire accuser de transmettre le virus si un accident arrive.*

Pourquoi, dans un pays riche comme le Canada, une personne sur trois ne sait-elle pas qu'elle est infectée par le VIH? Pourquoi les gens ont-ils si peur ou refusent-ils de subir des tests? Là est la question.

Oui, il y a une responsabilité de la part du séropositif: celle de se faire dépister, de suivre ses traitements, de prendre ses médicaments et d'utiliser le condom. Mais il y a aussi une responsabilité du séronégatif de

---

[12] « Si l'on sait peu de chose sur les effets d'une éventuelle criminalisation de la transmission du VIH, beaucoup s'inquiètent des conséquences sur l'acceptation de subir le test de dépistage ainsi que sur l'accès aux services de prévention et de traitement. » Juge Edwin Cameron, Cour suprême, Afrique du Sud.

se protéger quand il ne connaît pas l'état de santé de son partenaire.

Ma plus vieille patiente

Comme pour toutes les maladies, le sida peut toucher tout le monde. Et la malchance surprend parfois des personnes qui ne se doutaient de rien.

Ma plus vieille patiente atteinte du VIH s'appelle Lina (nom fictif). Elle a 83 ans! Lina a appris qu'elle était séropositive à 74 ans. Précédemment, elle avait été hospitalisée pour un zona. À l'hôpital, elle a passé des tests de dépistage. Quand l'hôpital a eu ses résultats positifs, Lina a été dirigée vers l'Actuel afin que je les lui annonce...

Son mari était décédé quelques années plus tôt, et Lina ne connaissait pas la cause exacte du décès. Elle est sous trithérapie et vient me voir régulièrement à la clinique. Mais, après le premier rendez-vous, nous n'avons plus jamais plus prononcé les mots VIH ou sida. Elle comprend très bien, mais préfère ne pas en parler.

Elle me demande toujours la même chose : « Est-ce que je vais bien, docteur ? Croyez-vous que je vais vivre longtemps ? ».

Prévenir pour guérir

Les journalistes me posent toujours la même question sur l'échec supposé de la prévention. « Est-ce que l'information passe bien ? » Je déteste tellement cette question. Comme s'il y avait un message ou un remède miracle.

La prévention est un travail de longue haleine. De toute une vie. Et ce sera vrai tant qu'il y aura du sida. Il n'existe pas un seul message, il y en a plusieurs. Il ne suffit pas uniquement de dire : « Le virus du sida se transmet par les relations sexuelles. » Il faut changer et adapter le message constamment. En faire une priorité. Il faut en parler, travailler sur le terrain et financer les organismes communautaires. Les organismes en arrachent. C'est de plus en plus difficile de trouver du financement pour les ONG dans la lutte contre le sida.

Il y a 20 % de la population qui fume encore. Pourtant, est-ce qu'il existe un homme ou une femme au Québec qui ignore que fumer c'est mauvais pour la santé ? Le gouvernement abandonne-t-il pour autant les campagnes sur le tabagisme ? Non. Même chose avec les campagnes contre la vitesse au volant.

Faire changer les mentalités, c'est un travail à très, très long terme.

L'IDÉALISTE

Le docteur Réjean Thomas, missionnaire du sida, venait juste d'annoncer son entrée en politique. Présente à la conférence de presse, Lisette Lapointe s'est penchée vers un conseiller de son mari, Jacques Parizeau : « Tu sais à qui il me fait penser ? À Pierre Marois. On n'en avait plus, des comme ça... »

Elle voulait dire des grands idéalistes, des défenseurs de la veuve et de l'orphelin. Des missionnaires justement. Venant de Mme Parizeau, qui a travaillé pendant quatre ans avec Pierre Marois alors que celui-ci était ministre dans le gouvernement Lévesque, la comparaison était révélatrice.

– André Pratte, « L'idéaliste »,
La Presse, 8 février 1994

Photo : Nancy Lessard

Réjean Thomas entouré (de gauche à droite) par Lisette Lapointe, André Boisclair, Audrey Benoît et France Castel, à l'occasion des 50 ans de leur ami, le coiffeur Alvaro.

Avec l'auteur-compositeur Luc Plamondon, lors d'un souper d'amis.

C'est la fête avec Alvaro, France Castel et Danielle Ouimet.

Chez lui avec Danièle Longpré et Alvaro, deux grands amis.

À Paris, en juin 2005, sur la terrasse du café Beaubourg,
avec la peintre Johanne Corno et Martin Duquette.

Isabelle Paulin, Alcide Léger et Kathy Goulet, ses amis de Tracadie, à Noël 2007.

L'ex-chef du Parti québécois, André Boisclair, et l'auteure Audrey Benoît. Selon Audrey Benoît, « les amis de Réjean Thomas apprécient son sens de l'humour, son autodérision et sa grande ouverture d'esprit. »

Audrey Benoît, Martin Duquette et JoAnn Tarzi, venus visiter Réjean Thomas en Acadie.

Réjean Thomas durant le congé des fêtes en 2007, avec son père Arcade,
sa sœur Monique et son frère Yolan.

Réjean avec son neveu Xavier et sa nièce Véronik-Sarah : « Mes deux trésors ? »

Le petit Réjean, « avec ma grande sœur Monique qui m'a protégé durant mon enfance à Tilley Road. »

L'oncle en train de jouer à Tracadie avec Véronik-Sarah et Xavier, les enfants de son frère Yolan : « Ces dernières années, je me suis réconcilié avec la notion de famille et je me suis rapproché des miens en Acadie. »

L'IDÉALISTE
La parenthèse politique

Il pleut sur Montréal le soir des élections du 12 septembre 1994. Et les résultats n'arrivent qu'au compte-gouttes dans le nouveau comté de Saint-Henri–Sainte-Anne. Nerveux, Réjean Thomas attend dehors avec sa grande amie, la docteure Danièle Longpré. Ils sont à l'abri dans une cabine téléphonique, juste en face de la salle où les partisans péquistes sont réunis pour le dévoilement des résultats. Les organisateurs ont bien répété au candidat péquiste de se présenter devant ses partisans seulement quand le nom du vainqueur sera connu. Pas avant !

Son portable sonne toutes les cinq minutes. Et il s'agit toujours de son attaché politique qui lui confirme que « le vote est très serré ». Au milieu de la soirée, Bernard Derome à Radio-Canada annonce Réjean Thomas élu devant la députée sortante du Parti libéral du Québec... Mais rien n'est gagné selon ses organisateurs : les bulletins de vote de Pointe-Saint-Charles, où vivent plusieurs anglophones, ne sont pas encore dépouillés... Son portable sonne à nouveau : Pierre Bruneau et le réseau TVA prévoient maintenant sa défaite...

Finalement, le docteur Thomas a perdu par 641 votes.[13] À l'annonce de sa défaite, le candidat vedette du PQ quitte la cabine téléphonique pour rejoindre ses partisans de l'autre côté de la rue.

Et alors, malgré ma défaite, je suis accueilli en héros ! Les gens pleurent, me réconfortent, me serrent dans leurs bras. Pendant un instant, je m'interroge. Je trouve leur réaction tellement forte et tellement belle qu'au fond de moi le doute m'assaille : si on m'avait élu député... aurais-je été à la hauteur de toute leur confiance ? De leurs espérances ?

Le choix des armes

Avant de se lancer en politique avec les élections de 1994 qui ont donné le pouvoir au Parti québécois

---

[13]   Résultat final : Nicole Loiselle (Parti libéral du Québec), 14 940 votes (47,96 %); Réjean Thomas (Parti québécois), 14 299 votes (45,90 %). La candidate libérale avait aussi été élue, en 1989, dans l'ancien comté de Saint-Henri devant la péquiste Francine Lalonde.

de Jacques Parizeau, Réjean Thomas a longuement réfléchi.

Ça a été une décision extrêmement difficile, car j'avais l'impression d'abandonner mes patients qui étaient déjà laissés-pour-compte par le système de santé. En même temps, je savais que je pourrais faire avancer les choses. Je me disais : « Est-ce que je suis plus utile comme médecin à la clinique ou comme élu au sein du gouvernement ? À Québec, je pourrais travailler à faire augmenter l'investissement dans la recherche et la prévention du sida et des MTS, améliorer les soins de santé à domicile et les soins palliatifs, donner une voix aux minorités et aux marginaux, etc.

L'art de se faire désirer

Il faut dire que le monde politique courtise le président de la clinique l'Actuel depuis quelque temps. En 1993, lors d'une soirée chez des amis, Daniel Audet lui confie qu'il devrait songer à la politique. Audet, qui a travaillé pour les ex-chefs péquistes Bernard Landry et André Boisclair, estime que Thomas ferait un bon politicien. Quelques semaines plus tard, en entrevue au *Journal de Montréal*, Réjean Thomas laisse entendre que la politique l'intéresse... Le lendemain, il reçoit des appels de TOUS les partis politiques !

À l'époque, je ne suis membre d'aucun parti. J'ai voté PQ en novembre 1976 et j'ai voté pour le Oui au référendum sur la souveraineté en mai 1980. Mes amis sont presque tous souverainistes. Je suis plus proche du PQ. J'accepte quand même de rencontrer des gens de plusieurs partis politiques. Finalement, Jean Royer, le chef de cabinet de M. Parizeau, est le plus persistant. Il m'organise un lunch avec André Boisclair, que je n'avais jamais rencontré.

L'instinct du leader

« Réjean Thomas a toujours prétendu qu'il ne connaissait rien à la politique alors que, dans les faits, c'est un être politique jusqu'au bout des doigts, dit André Boisclair. Il peut mobiliser des gens, définir des objectifs et faire avancer les choses. Il est capable d'exercer du leadership et de repousser les frontières du possible. »

Après ma rencontre avec André, c'est clair que, si je saute dans l'arène, ce sera avec le Parti québécois. C'est une formation progressiste, proche du peuple et qui défend les francophones. Car je me lance en politique davantage pour des raisons de justice sociale que pour réaliser la souveraineté.

À mes yeux, le pire fléau social, c'est la pauvreté. Quand tu es riche, tu as un compte bancaire sans frais de service, et la banque te fait un prêt à un taux préférentiel. Quand tu es pauvre, tu paies des frais pour chaque transaction, tu achètes à crédit au dépanneur du coin au triple du prix des supermarchés où les riches font leur épicerie avec leur carte de points Air Miles. La pauvreté est un cercle vicieux.

Souverainiste et Acadien

Réjean Thomas hésite aussi à se lancer avec le Parti québécois, aux élections de 1994, pour une raison plus personnelle... À ce moment, il a des doutes quant à la pertinence de la souveraineté du Québec. Il est né au Nouveau-Brunswick. Toute sa famille vit encore là. Elle trouvera difficile d'apprendre qu'il se présente au Québec pour un parti indépendantiste. Les journalistes posent des questions à ses parents. Les amis et les voisins aussi.

Avec le recul, je ne crois pas que je trahissais l'Acadie en militant pour un parti souverainiste. Mon ami, le chanteur Paul Piché, m'a même convaincu que, au contraire, un Québec fort et indépendant permettrait aux francophones hors Québec de s'épanouir davantage dans le reste du Canada. Je n'en suis pas

111

*totalement sûr. Mais, après tout, il s'agissait d'une
élection et non d'un référendum...*

Mon dîner avec M. Parizeau

*Malgré les arguments de Paul Piché et de mes
amis, j'hésite à quitter la médecine que j'aime tant.
Alors je décide de ne pas faire le saut en politique...
Mais Jean Royer persiste. Il me téléphone et me
laisse plusieurs messages. Je ne le rappelle plus...*

**Puis, un matin, je reçois un coup de fil de Jacques
Parizeau lui-même. Il m'invite à dîner. Il choisit
même un restaurant, Chez Pierre, à deux pas de la
clinique, pour m'accommoder. Nous sommes à table
depuis plus d'une heure à discuter politique. Je suis
tendu et intimidé par la prestance et l'autorité de
M. Parizeau. Et je lui lance : « Vous savez, monsieur
Parizeau, je ne connais pas beaucoup le monde
politique... J'ai très peu d'expérience... » « Écoutez,
docteur Thomas. Il existe deux métiers dans le
monde où personne n'a besoin d'expérience : la
prostitution... et la politique ! »**

Pour en finir avec le cynisme

Du plus loin qu'il se souvienne, Réjean Thomas a
toujours aimé la politique. Passionnément.

Ce sont mes parents qui m'ont transmis cette passion. Les discours apolitiques, le cynisme des gens par rapport aux politiciens, ça m'irrite. Je comprends la frustration des gens envers les politiciens et le pouvoir politique. Je ne suis pas dupe. Je ressens parfois les mêmes déceptions, les mêmes frustrations. Dans le cadre de mon travail, j'ai souvent été déçu et en colère contre des décisions politiques. Or, selon moi, la politique est un engagement. Un devoir d'engagement. C'est aussi important que l'engagement social, humanitaire ou communautaire.

Les politiciens que j'ai côtoyés – et, croyez-moi, j'en ai rencontré beaucoup depuis 20 ans – sont des hommes et des femmes avec de fortes convictions. Des hommes et des femmes qui ont le goût de changer des choses, d'améliorer la vie des gens.

Bien sûr, il existe des politiciens malhonnêtes, corrompus, incompétents, comme dans tous les domaines. Mais c'est la minorité. La majorité des députés travaillent extrêmement fort pour améliorer la qualité de vie de leurs concitoyens. Les députés votent des lois qui régissent la vie en société. Ils décident de nos impôts, de nos droits, de nos infrastructures, etc. Ils ont une grande influence sur nos vies.

Si on donne aux députés le pouvoir de dépenser notre argent, il faut s'intéresser à la politique et participer au débat public, s'impliquer et arrêter de dénigrer le monde politique. La sénatrice Thérèse Casgrain disait que, lorsque les citoyens honnêtes ne s'occupent pas de politique, ce sont les citoyens malhonnêtes qui en profitent.

Je trouve très triste la façon dont les politiciens sont traités depuis une dizaine d'années. Si on continue de les mépriser autant, il y aura de moins en moins de bons politiciens. Finalement, on aura les politiciens qu'on mérite. Et on réalisera, trop tard, que le cynisme n'a jamais fait évoluer une société. À aucune époque.

Un été en campagne

À l'été 1994, après le lunch avec M. Parizeau, Réjean Thomas accepte de se présenter dans la nouvelle circonscription unifiée de Saint-Henri–Sainte-Anne. Un comté modeste, ouvrier et urbain. « Un mariage idéal entre une circonscription et un candidat », confie Jacques Parizeau qui aurait « tant aimé voir le docteur Thomas au sein de son cabinet » à l'automne 1994.

Sitôt sa candidature annoncée, Réjean Thomas reçoit une lettre d'un professeur de philosophie, Réjean

Bergeron. Ce dernier lui propose son aide durant la campagne électorale. Le candidat péquiste raffole de l'idée d'être conseillé par un philosophe. Bergeron sera le principal conseiller politique de Thomas et il deviendra par la suite un complice important.

Auparavant, Saint-Henri et Sainte-Anne formaient deux comtés distincts qui ont (presque) toujours voté libéral aux élections. Seule exception, lors des élections « historiques » du 15 novembre 1976, Jean-Marc Lacoste est élu député péquiste de Sainte-Anne et Jacques Couture devient le député du PQ pour la circonscription de Saint-Henri. Beau hasard, Réjean Thomas se présentera donc dans le comté de Jacques Couture, un homme qu'il admirait et qu'il aurait bien aimé connaître. Un humaniste, un missionnaire, un politicien et un citoyen qui s'impliquait socialement sur plusieurs plans. Mais Jacques Couture a quitté la politique au début des années 1980 et il est mort en 1995. Thomas ne l'a jamais rencontré.

Ça a été une campagne électorale très difficile. J'ai bien aimé faire du porte-à-porte et avoir un contact direct avec les gens. J'ai visité des personnes âgées qui me demandaient de prendre leur tension artérielle, de leur donner des conseils sur leurs médicaments. J'avais l'impression de continuer ma pratique médicale sur la route…

Par contre, avec les médias, ça a été un choc total! Avant la campagne électorale, ma relation avec les journalistes avait toujours été excellente et, là, subitement, tout ce que je disais durant la campagne devenait suspect aux oreilles des journalistes. J'ai vite réalisé que le rapport entre les médias et les politiciens est totalement différent de celui entre les médecins et les journalistes. Et j'ai compris ce que représentait le quatrième pouvoir.

De plus, je devais plaire aux hautes instances du Parti québécois. Je ne me sentais plus la même personne. Je ne pouvais pas me présenter ni parler de la même façon au public. Les conseillers politiques me demandaient de toujours porter des complets-veston et une cravate, de couper mes cheveux courts. D'ailleurs, j'ai su que, en apprenant que j'étais pressenti par le chef du PQ pour me présenter, un de ses conseillers lui avait dit: « Vous savez, M. Parizeau, Réjean Thomas est homosexuel... et il se teint les cheveux! »

Qui plus est, j'ai compris que mes adversaires n'étaient pas seulement dans les autres partis... Un député péquiste montréalais m'a dit clairement de me mêler de mes affaires quand je lui ai demandé d'appuyer un programme d'échanges de seringues (pour la prévention du sida chez les toxicomanes) dans son comté. Ce député m'a rétorqué : « En politique, Réjean, un candidat ne se mêle jamais des comtés des autres candidats... »

J'ai alors compris toute l'hypocrisie qui peut exister en politique. Ce fut ma première grande déception... car ce député péquiste était l'une de mes idoles avant ces élections.

La question qui tue

Puis un autre incident croise la route du candidat vedette... Cette fois-ci, avec des militants homosexuels. À la fin d'une conférence de presse sur l'emploi qui se tenait dans une usine du comté, Christine Saint-Pierre, alors journaliste à la télévision de Radio-Canada, pose au chef du PQ une question complètement hors contexte : « Monsieur Parizeau, que pensez-vous des unions entre conjoints de même sexe ? »

Jacques Parizeau, visiblement agacé par la question, bredouille une vague réponse sur la tolérance des Québécois. Puis il me donne la parole. Et avant que j'aie le temps de répondre, il quitte la conférence de presse sans dire un mot !

Moi aussi, j'étais surpris, car nous étions dans un point de presse sur l'emploi, dans une usine, et Christine Saint-Pierre voulait notre opinion sur les unions homosexuelles... Je lui ai répondu que j'estimais la société plus ouverte qu'on veut bien le croire.

Insatisfait de cette réponse trop vague, un militant du groupe Act Up Montréal appelle le docteur Thomas chez lui... à trois jours du vote.

Il est furieux contre moi! Il estime qu'un candidat homosexuel a le devoir d'appuyer publiquement et fortement la cause des gais et des lesbiennes. Il me demande de faire mon coming out *avant le jour du scrutin, sinon les activistes d'Act Up vont organiser une marche au centre-ville de Montréal pour me dénoncer et dévoiler mon homosexualité...*

Or, voilà, j'étais tellement fatigué et vidé, au bout de la course électorale, que je lui ai répondu: « Faites ce que vous voulez! Si vous pensez que c'est mieux que je perdre, au lieu d'être élu et de pouvoir défendre les gais au gouvernement, je laisse ça entre vos mains. » Finalement, personne n'a révélé mon homosexualité.

Le « flirt » avec Mario Dumont

Périodiquement, depuis sa défaite en 1994, Réjean Thomas laisse planer un doute sur un retour en politique. Lors de son passage à l'émission *Tout le monde en parle*, Guy A. Lepage lui a demandé s'il jouait à « l'agace-pissette de la politique ». Il a répondu « qu'il n'était pas agace, parce qu'on le courtisait »...

En octobre 2002, le chef de l'Action démocratique du Québec (ADQ), Mario Dumont, lui demande de donner une conférence au congrès de son parti à Drummondville pour expliquer le travail de l'Actuel, en tant que clinique privée avec des services gratuits et couverts par l'assurance-maladie. Il hésite... Après réflexion, il décide d'y aller, au grand dam de ses amis péquistes.

J'avais donné la même conférence quelques semaines auparavant pour l'Union des forces progressistes (l'ancêtre de Québec Solidaire), sans faire de vagues. Au congrès de l'ADQ, je devais parler dans un atelier fermé, devant 50 personnes, mais, quand je suis arrivé, Mario Dumont m'a annoncé que je faisais plutôt la plénière avec Claude Castonguay devant 500 adéquistes et tous les journalistes! Le lendemain, La Presse *titrait: « Du renfort pour*

Dumont : Castonguay et Thomas appuient la plate-forme de l'ADQ en santé ». [14]

C'est faux! Je n'endossais pas du tout la plate-forme de l'ADQ. Je n'ai jamais été membre de l'ADQ. Mon discours ne se prononçait pas là-dessus. Je parlais de mon expérience avec la clinique l'Actuel.

Après cette conférence, Réjean Thomas a reçu un coup de fil du chef libéral Jean Charest pour le féliciter. Ce dernier lui a même dit : « Avoir su, docteur Thomas, je vous aurais invité à donner une conférence au congrès du Parti libéral du Québec ! »

Par la suite, la direction de l'ADQ l'a courtisé tout l'automne 2002. Réjean Thomas accepte de rencontrer Mario Dumont pour discuter d'une éventuelle candidature aux élections de 2003.

---

[14] CLOUTIER (Mario). *La Presse*, 6 octobre 2002. « Le père de l'Assurance-maladie, l'ancien ministre libéral Claude Castonguay, et un ancien candidat pour le Parti québécois, le docteur Réjean Thomas, sont venus donner leur bénédiction à l'ADQ, hier, dès le début du congrès du parti à Drummondville. Les deux anciens politiciens ont applaudi au débat que suscite la formation de Mario Dumont sur l'implication souhaitée du privé dans le réseau de la santé. »

Je dois reconnaître que j'ai bien aimé Mario Dumont, ce jour-là. J'ai eu un très bon contact. Il était sympathique, ouvert d'esprit et très curieux. Il me posait des questions sur le milieu gai, mon travail à la clinique, la lutte contre le sida. Il m'a demandé ce qui pouvait m'intéresser au gouvernement. Je lui ai répondu : les relations internationales. Il a semblé surpris, il pensait sans doute que je répondrais la santé.

On s'est laissés cordialement, mais sans se faire de promesses.

Quelques semaines plus tard, j'ai donné une entrevue à la journaliste Josée Boileau du Devoir *et je lui ai avoué ma bonne impression de Mario Dumont. Elle a écrit un texte qui sera publié à la une du* Devoir *: « Le docteur des grandes causes : Réjean Thomas a dit non à la politique mais pas aux débats politiques... »*[15]

Alors j'ai reçu des critiques sévères de la part de hautes instances du PQ... Durant six mois, il y a même eu un malaise entre André Boisclair et moi. Pauvre André, il se fait toujours demander par les

---

[15] BOILEAU (Josée). *Le Devoir*, 10 février 2003.

militants du PQ : « Qu'est-ce qui arrive avec Réjean
Thomas ? » Néanmoins, j'ai décidé de ne pas y
aller... même si, à l'époque, Mario Dumont était au
plus haut dans les sondages. Malgré tout, je demeure
plus proche du PQ que de l'ADQ. Or, ni Lucien
Bouchard ni Bernard Landry ne tenteront plus tard
de m'approcher pour que je me présente de nouveau
pour leur parti. C'est seulement en 2006, alors
qu'André était chef, que le PQ m'a officiellement
proposé de revenir...

Le regret de M. Parizeau

Aux dernières élections provinciales, Réjean Thomas
laisse encore planer le doute sur sa décision de retourner ou non en politique. Durant la campagne électorale,
Jacques Parizeau pense à contacter Réjean Thomas
pour lui demander de se porter candidat. « Mon Dieu
que j'aurais aimé le voir revenir en politique en 2007,
dit l'ex-premier ministre. J'ai eu des démangeaisons de
ne pas l'appeler. Mais j'avais une espèce de pudeur...
Quand tu as convaincu un homme de sa trempe de
se présenter et que, hélas, il perd après avoir travaillé
d'arrache-pied, tu respectes les choix qu'il prend par
la suite. »

À l'heure actuelle, j'ai totalement perdu le goût de
m'engager en politique. J'aime les débats d'idées en

politique, mais je suis découragé par la méchanceté en politique, autant celle des adversaires que celle des collègues... Je ne tolère pas de voir des militants péquistes, ayant en théorie le même but, la même cause et le même projet, donner des coups de couteau dans le dos de leur chef. Veut-on bâtir un pays en se basant seulement sur la personnalité du chef ou par conviction profonde?

Si on attaque un politicien sur son programme, ses engagements, ses propos, je n'ai aucun problème avec ça. Je me souviens d'un différend avec l'animateur et journaliste Franco Nuovo, au sujet d'André Boisclair, avant les élections de 2007. On avait croisé le fer dans un restaurant branché du boulevard Saint-Laurent, les deux debout devant tout le monde. Mais ça restait au niveau des idées, de la vision, de la politique. Jamais sur le plan personnel.

Trop souvent, ce qui sort dans les médias durant les campagnes électorales, ce ne sont pas les idées discutées dans les assemblées, mais du potinage. Et ce n'est pas toujours la faute des politiciens, il y a des journalistes qui se plaisent à rapporter ces potins. Il y a de l'agressivité envers le milieu politique. On traite les politiciens sans respect en les caricaturant chaque jour.

De la nuance avant toute chose

Réjean Thomas se définit plus comme un idéaliste que comme un idéologue, un homme d'action plutôt qu'un théoricien. C'est pour ça que, malgré qu'il ait longtemps collaboré avec Amir Khadir à Médecins du monde, il n'a jamais adhéré à Québec Solidaire.

Il y a beaucoup choses que j'aime dans le programme de Québec Solidaire, sauf que le discours de ses membres ne me semble pas toujours nuancé et rigoureux. Leur vision n'est pas assez pragmatique à mon goût. Par contre, je pense qu'il faudrait que leurs idées soient plus diffusées. Il devrait y avoir quelques députés de Québec Solidaire élus, cela aiderait à élever et à diversifier le débat politique au Parlement. À mon avis, Françoise David et Amir Khadir ont vraiment leur place dans le débat politique. À titre de députés, ils enrichiraient le débat autant que nos élus actuels. Même s'ils ne sont pas pragmatiques, ils ont des idées intéressantes sur plein de sujets : le logement social, le revenu minimum garanti, l'éducation, l'humanitaire, l'immigration... Leur vision collective me plaît.

J'aime certaines idées socialistes, mais il y aura toujours des classes sociales. Il y a des talents exceptionnels, et tout le monde n'est pas égal dans l'intelligence, le génie, le développement. Il faut reconnaître qu'il y a une élite dans chaque domaine et lui donner les moyens de s'épanouir.

De plus, je crois que les actions transcendent les partis ou les idéologies. Je suis à la fois lucide et solidaire. J'aime bien Françoise David... mais Mario Dumont participe aussi au débat social. À sa façon. J'aimais également l'ex-ministre libéral de la Santé, Philippe Couillard. Jamais il ne tombait dans le simplisme, le dogmatisme. Il avait une vision et une rigueur intellectuelle, et il ne changeait pas d'avis selon l'humeur des sondages. Il a été l'un des meilleurs ministres de la Santé du Québec des 20 dernières années, même s'il n'a pas fait de la lutte au sida une de ses priorités. Il était trop accaparé, entre autres par des dossiers techniques comme celui du CHUM.

Un pays d'ouverture et de tolérance

Pour Réjean Thomas, il existe un fossé générationnel au Québec. Qui plus est, certains souverainistes ont la vision d'une autre époque et sont nostalgiques du Québec d'antan.

Il faut s'ouvrir aux autres cultures au Québec, avoir une vision multiculturelle du monde et non pas retomber dans le nationalisme ethnique ou se replier sur soi. C'est pareil partout en Occident. Il suffit de se promener dans les rues de Toronto, de Paris ou de Londres pour constater que le multiculturalisme est un fait incontournable en 2008. L'avenir du monde est dans le métissage.

Parce que Mario Dumont et l'ADQ grugent des votes souverainistes avec la question de l'identité québécoise et des accommodements raisonnables, est-ce que les péquistes doivent adopter le même genre de discours nationaliste ? Je ne pense pas. Il faut plutôt définir le genre de pays qu'on veut et non pas aller chercher des votes pour avoir la majorité. Je n'ai pas le goût d'un pays raciste, xénophobe et homophobe.

Moi, je veux un pays d'ouverture et de tolérance. Mais je pense qu'on peut faire une croix sur la souveraineté pour le moment. Je pense que ce débat est clos pour de nombreuses années et je trouve ça dommage, mais il faut faire une pause. Il faut laisser les jeunes prendre la relève et décider du chemin à suivre pour la souveraineté : ce combat n'appartient plus aux gens de ma génération.

Une thérapie collective

Comme beaucoup de Québécois à l'automne 2007, le docteur Thomas a réagi au débat sur l'identité culturelle et sur les accommodements raisonnables avec les communautés ethniques. Et il estime que ce qui est sorti des audiences publiques de la Commission Bouchard-Taylor n'a rien de très édifiant pour le Québec.

À mes yeux, la Commission Bouchard-Taylor ne représente pas un grand pas pour notre démocratie, comme l'ont proclamé certains éditorialistes au pays avant la remise du rapport au printemps 2008. On s'éloigne de la démocratie lorsque nos élus se font du capital politique en exploitant les préjugés et les craintes des citoyens. Ce que j'ai entendu lors de ces audiences ne me plaît pas. La Commission Bouchard-Taylor a été une vaste thérapie collective. Une grosse tribune téléphonique à la grandeur du Québec. J'ai longtemps cru habiter dans une société ouverte et tolérante. Or, voilà, depuis cette commission, j'ai l'impression de vivre ailleurs, dans un autre pays. Sauf parmi les jeunes, en général plus ouverts et moins centrés sur les valeurs du passé, j'entends trop de commentaires xénophobes. On devrait réaliser une chose : en attaquant les étrangers, on s'en prend aux personnes les plus vulnérables de la société. Les immigrants ont souvent quitté des régimes hostiles et violents. Certains ont été emprisonnés ou torturés. La plupart quittent leurs pays sans argent. Ils repartent à zéro pour se refaire une vie, une dignité. Les immigrants pauvres et exclus sont souvent mal logés et mal soignés au Québec. La plupart sont obligés de faire mille et un petits métiers, malgré leurs diplômes et leur expérience.

Ça ne me dérange pas de croiser un sikh avec un turban ou une femme portant le voile. Ma seule condition est que les nouveaux arrivants respectent les valeurs de base de la société québécoise : l'égalité entre les hommes et les femmes, l'usage du français, le respect des minorités et des homosexuels. Si des immigrants veulent conserver leurs coutumes, c'est normal. Quand des Québécois vont vivre ailleurs, ils aiment aussi garder une part de leur identité.

On peut à la fois être ouvert à l'immigration et affirmer ses valeurs devant les étrangers, leur montrer, par exemple, qu'étant donné que les hommes et les femmes sont égaux nous n'acceptons pas le voile dans nos écoles... Je suis pour l'intégration, mais je suis incapable de supporter un mouvement qui favorise l'inégalité entres les hommes et les femmes. J'adhère au credo laïque de Pierre Foglia :

1) Une liberté absolue de conscience et de culte.
2) L'espace civique doit être absolument laïque.[16]

Le crucifix et les valeurs

C'est étonnant de constater qu'André Boisclair,
quand il était chef de l'opposition, a été vilipendé sur
la place publique pour avoir voulu sortir le crucifix
du Salon rouge de l'Assemblée nationale du Québec.
Personne ne l'a soutenu! Je comprends qu'on n'était
pas obligés d'être tous d'accord avec sa position,
mais on n'était pas TOUS en désaccord. On aurait
pu décider que le crucifix avait plus sa place ailleurs
dans l'Assemblée nationale, par exemple dans la salle
à manger du restaurant Le Parlementaire. Il aurait
conservé son symbole historique et patrimonial sans
occuper l'espace législatif.

Or, les députés ont voté unanimement pour garder
le crucifix dans le Salon rouge et ont rejeté la

---

[16] FOGLIA (Pierre). « La laïcité ouverte », *La Presse*, 24 mai 2008.
« L'espace civique? L'école publique en tout premier lieu. L'école
avant les tribunaux, avant la police, avant l'armée, avant les institutions. [...] Il ne me dérangerait pas tant que cela (un peu quand même)
d'être contrôlé par un flic portant la kippa. Mais je trouve déplorable,
je trouve lamentable que les commissaires acquiescent benoîtement au
port ostensible de signes religieux par les élèves et pire encore par les
enseignants des écoles publiques. »

recommandation des commissaires. Il me semble impossible que cette croyance soit unanime. Majoritaire, peut être, mais pas unanime ! Alors, devant ce genre de comédie, comment croire nos élus ? Sont-ils capables d'adopter des résolutions par principe, pas seulement par démagogie, pour gagner des votes avec la peur des gens de perdre leurs valeurs et leur identité ? Quelle comédie politique !

Si l'État veut contrôler les immigrants, les punir, c'est comme s'il présumait que TOUS les immigrants refusent de s'intégrer à la société québécoise. On ne réglera jamais rien avec cette attitude-là.

Cela dit, je ne suis pas trop inquiet pour l'avenir du Québec. Je crois qu'on s'améliore constamment de génération en génération. Ce qui m'inquiète plus, ce serait que l'on perde nos acquis sociaux, qu'on oublie la lutte menée par les syndicalistes pour améliorer les relations de travail de nos parents. On peut avoir des réserves, se poser des questions, mais on ne doit pas tomber dans la démagogie et être anti-syndicaliste pour être anti-syndicaliste. Même chose avec l'homosexualité et les droits des femmes. Les gains et les acquis sont toujours fragiles.

L'HUMANISTE

*Le plus beau du voyage, de tous les voyages peut-être,
pensa-t-elle, ce ne sont pas les sites, les paysages, si
nouveaux soient-ils, mais bien l'éternelle ressemblance
des hommes, sous tous les cieux, avec leur bonté,
leur douceur si touchante. De plus en plus, elle avait
le sentiment que les humains, que presque tous les
humains, au fond, sont nos amis, pourvu qu'on leur en
laisse la chance, qu'on se remette entre leurs mains et
qu'on leur laisse voir le moindre signe d'amitié.*

– Gabrielle Roy, *De quoi t'ennuies-tu, Éveline ?*

*Quand les riches font la guerre,
ce sont les pauvres qui meurent.*

– Jean-Paul Sartre, *Le Diable et le Bon Dieu*

L'HUMANISTE
Guerre et paix

Le directeur général de Médecins du monde Canada, André Bertrand, se souvient très bien du jour où Réjean Thomas l'a fait pleurer.

« C'était durant une mission humanitaire dans un village au Zimbabwe. Réjean et moi étions dans une hutte chez un jeune villageois atteint du sida. Son visage était cadavérique. Visiblement, il ne restait plus à cet homme que quelques heures à vivre. Tout au plus. Réjean lui a alors pris la main. Il est resté à son chevet en lui passant un linge humide au visage. J'étais bouleversé. Je suis sorti pour pleurer. Plus tard, quand Réjean est venu me retrouver, je lui ai dit : « C'est pour ça que je t'aime... »

André Bertrand et Réjean Thomas ont souvent voyagé ensemble dans le cadre de missions humanitaires pour Médecins du monde Canada. Ils ont été au Vietnam pour installer des cliniques mobiles de dépistage pour des prostituées et des toxicomanes, au Malawi pour venir en aide aux orphelins du sida, en Haïti pour mettre sur pied un projet-pilote contre le sida à Cité Soleil.

Les enfants de Cité Soleil

« En 2002, Réjean a lancé un programme destiné aux mères haïtiennes séropositives pour les aider à ne pas transmettre le virus à leur nouveau bébé, en les traitant durant leur grossesse avec des médicaments antirétroviraux, explique André Bertrand. Tout le monde était sceptique. On lui disait : ça n'a pas de bon sens, ça ne fonctionnera jamais, c'est trop risqué... Avant Médecins du monde, plusieurs ONG ont tenté de s'implanter à Cité Soleil, mais elles ont toutes échoué, puis se sont retirées. Car Cité Soleil est une zone difficile, un des quartiers les plus défavorisés en Amérique, avec de graves problèmes de sécurité et de gangs armés. »

En novembre 2007, Réjean Thomas est retourné à Cité Soleil. En compagnie d'une équipe de Médecins du monde, il allait souligner le cinquième anniversaire de l'implantation du programme pour les femmes enceintes. Il est revenu avec des images bouleversantes de ce bidonville de Port-au-Prince, au bord de la mer, où les familles couchent sur la terre battue, entassées dans leurs cabanes. Mais il est aussi revenu avec des souvenirs impérissables.

Ce programme est probablement le projet qui me tient le plus à cœur. Sur le terrain, j'ai pu constater les interventions de Médecins du monde. Depuis 2002, 108 enfants de mères séropositives sont nés en bonne santé et séronégatifs grâce au projet de Cité Soleil ! Moi qui n'aurai jamais d'enfant, j'ai eu l'impression d'en adopter 108 d'un coup durant cette mission ! Ça a été le voyage de ma vie.

Réjean Thomas a un lien très fort avec Haïti. Depuis 1995, il s'y est rendu au moins une douzaine de fois. C'est là qu'il a eu la piqûre pour l'action humanitaire internationale.

Je dis souvent que Haïti est ma deuxième patrie. En Haïti, il y a un adage qui dit : « On est analphabètes... mais on n'est pas bêtes. » Ça me rappelle ce que ma mère disait quand j'étais enfant à Tilley Road : « Ce n'est pas parce qu'on est pauvres qu'on n'est pas intelligents. » Géographiquement, ce pays est proche du Québec, à un jet d'avion de Miami. Culturellement, il y a une importante communauté haïtienne bien installée au Québec et qui parle français. Or, curieusement, malgré cette proximité et cette familiarité, les Québécois connaissent très peu ce pays des Antilles...

Terre des hommes

C'est grâce à Jacques Parizeau que Réjean Thomas s'est tourné vers l'action humanitaire internationale, peu de temps après sa défaite dans le comté de Saint-Henri. En novembre 1994, le premier ministre du Québec lui propose de devenir conseiller spécial au Secrétariat à l'action humanitaire de son gouvernement, afin de préparer le terrain, en matière de relations internationales, d'un éventuel Québec souverain... juste un an avant le référendum.

« Dans le domaine de l'action humanitaire, explique Jacques Parizeau, le Québec était alors très loin derrière des pays avec une démographie comparable, le Danemark par exemple, ce qui n'est pas à la hauteur d'un peuple qui aspire à l'indépendance. Avec le docteur Thomas, nous avons déterminé une cible, Haïti, ensuite un projet, soit la réouverture de dispensaires et d'écoles en région rurale. Avec un petit budget et très peu de temps, le docteur Thomas a réalisé des miracles ! »

Après le référendum

Le 30 octobre 1995, Jacques Parizeau et le Parti québécois perdent le référendum sur la souveraineté du Québec. Au lendemain de son fameux discours de défaite, qu'il attribue à « l'argent et au vote ethnique », Jacques Parizeau démissionne et quitte la vie politique. Deux mois plus tard, Lucien Bouchard devient premier ministre du Québec.

Et plus rien ne se passait au Secrétariat à l'action humanitaire. J'étais dans un beau bureau au centre-ville, payé à ne rien faire, sans projet, sans mission. Je ne savais pas ce que M. Bouchard voulait faire avec le Secrétariat. J'ai décidé de démissionner pour retourner à plein temps à l'Actuel. Et j'ai fondé Médecins du monde Canada cette année-là.

Besoin d'humanitaire

En 1996, lors d'un voyage en Israël, Réjean Thomas rencontre pour la première fois une délégation de Médecins du monde International. Le slogan de Médecins du monde l'accroche immédiatement : « Nous luttons contre toutes les maladies. Même l'injustice. » Parmi ce groupe, on retrouve des médecins israéliens et palestiniens, qui travaillent ensemble malgré les difficultés et les éternels conflits au Proche-Orient.

De retour chez lui, le docteur Thomas met sur pied une section montréalaise de Médecins du monde, qui sera reconnue en 1999 par le conseil d'administration de Médecins du monde International comme une délégation officielle et autonome.[17]

Au début, le budget de Médecins du monde Canada était de seulement 25 000 $. Or, aujourd'hui, son budget dépasse les 4 millions de dollars, dont 40 % proviennent de fonds privés. Cela permet à l'organisme de ne pas dépendre uniquement des subventions du gouvernement et de rester indépendant du pouvoir politique. Par exemple, si Médecins du monde Canada dénonce un aspect du système de santé public et qu'il est financé à 100 % par le gouvernement du Québec, c'est délicat. S'il veut dénoncer une politique étrangère, en Haïti ou en Irak, c'est mieux qu'il ne soit pas dépendant de l'État. D'ailleurs, depuis le début de la guerre en Irak, toutes les sections de MDM refusent l'argent du gouvernement américain. C'est interdit par leurs règlements. De plus, pour développer de nouveaux

---

[17]   Fondé en 1989, le réseau international de Médecins du monde (MDM) est constitué d'une douzaine de délégations. Indépendantes les unes des autres, les délégations internationales partagent le même projet associatif. Les missions de MDM sur le terrain sont diverses : missions d'urgence, de crise ou à long terme. Toutes les missions de MDM reposent sur une organisation structurée et surtout sur l'engagement de volontaires et de bénévoles : médecins, dentistes, infirmières, techniciens de laboratoire, psychologues, administrateurs, logisticiens...

projets (et aller dans des endroits où il y a des
problèmes importants mais non médiatisés, ce que
l'on appelle les crises oubliées), il faut trouver du
financement privé.

Ici et ailleurs

Pour Réjean Thomas, l'aide humanitaire internationale n'est pas incompatible avec la lutte contre la
pauvreté au Québec ou son travail avec les laissés-
pour-compte ici.

Une femme m'a déjà interpellé après une conférence
en me disant que ce n'était pas normal d'envoyer des
médecins québécois à l'étranger, alors qu'on manque
de médecins en région au Québec ! Un instant : il y
a un médecin par 500 habitants au Québec, alors
que, dans certains pays africains, il n'y a qu'un ou
2 médecins pour 100 000 habitants !

Par exemple, dans les hôpitaux en Haïti, simplement
pour obtenir un pansement ou un médicament, il faut
payer rubis sur l'ongle. Si on n'a pas d'argent, tant
pis ! Les hôpitaux manquent tellement de moyens
que des blessures faciles à soigner dégénèrent en
infections.

Cela dit, la pauvreté demeure un grave problème au
Québec. C'est aberrant de constater que l'espérance

*de vie dans Hochelaga-Maisonneuve est de 10 années
de moins que celle de Westmount... Et c'est révoltant
de réaliser que, dans un pays riche comme le Canada,
on doit distribuer des petits-déjeuners gratuits dans
les écoles pour nourrir des enfants qui n'ont rien à
manger à la maison!*

*Toutefois, on ne peut pas comparer les enfants
pauvres de Montréal avec ceux de Cité Soleil... Dans
Hochelaga, ils ont au moins l'espoir de s'en sortir.
Pas dans le tiers-monde.*

*J'ai été frappé par deux sortes de misères dans le
monde: l'une matérielle, concrète, visible à l'œil nu,
comme l'extrême pauvreté de Cité Soleil, et une autre
plus sournoise qu'on voit dans l'infinie tristesse du
regard des gens d'un pays comme le Zimbabwe, qui
possède plus d'infrastructures, mais où les droits
humains sont bafoués.*

*Un autre exemple: Cuba, où le peuple est éduqué,
soigné et ne crève pas de faim. Mais tous les jeunes
Cubains ne pensent qu'à fuir Cuba. Quand il n'y
a pas de liberté, il n'y a pas d'avenir. C'est triste,
ça aussi.*

*J'adore La Havane! C'est une de mes villes préférées
dans le monde. Mais j'ai arrêté d'y aller à la fin
des années 1990 à cause de la situation politique*

et de la répression des minorités sexuelles. Jusqu'à récemment, les homosexuels efféminés ou les travelos qui fréquentaient les bars clandestins de La Havane le faisaient à leurs risques et périls. La police pouvait les arrêter dans la rue et les emprisonner s'ils affichaient trop ouvertement leur homosexualité!

Ça m'a fait réaliser la chance que nous avons au Canada. C'est sûr qu'il n'y a rien de pire que d'avoir faim. Mais quand tu es jeune et que tu n'as même pas la capacité de rêver, c'est triste. Même si tu es hyper talentueux, comme acteur ou comme enseignant, tu ne peux rêver d'une carrière internationale parce que le régime Castro tue toute ambition dans l'œuf.

Si on m'obligeait à choisir entre vivre en Haïti ou à Cuba, je choisirais probablement Haïti, en espérant ne pas être pauvre. Ce n'est pas facile de choisir. Mais en Haïti, malgré la misère, j'ai l'impression qu'il y a de l'espoir. C'est la grosse misère, mais tout le monde s'exprime, donne son opinion, s'implique, organise des marches... C'est extraordinaire! Si tu es blasé de la politique au Québec, va faire un tour en Haïti. C'est tout le contraire du cynisme des Québécois face à la politique et à la démocratie.

À Médecins du monde International, Cuba est devenu un sujet tabou. Parce que, chaque fois qu'on en parlait, tout le monde se chicanait. Il y a des médecins pro-Castro et anti-Castro. Ceux qui appuient Castro ont toujours le même argument : les Cubains sont tous éduqués, mangent à leur faim et ont de belles dents !

Répartir la richesse

Bernard Kouchner a eu raison d'inclure le témoignage des travailleurs humanitaires à l'époque où il était avec Médecins sans frontières.[18] Les Occidentaux doivent avoir conscience de ce qui se passe pour agir. Localement ou mondialement.

Je fais partie de ces naïfs qui croient que le terrorisme est relié à la pauvreté dans le monde. Oui, il y a de l'injustice, de la misère et de la pauvreté dans les pays riches, et il y a aussi de la richesse en Haïti, au Mali et ailleurs en Afrique. En Haïti, à Pétionville, au sommet des collines de Port-au-Prince, on peut aller manger dans les meilleurs restaurants au monde, c'est le Westmount d'Haïti, avec des millionnaires qui ne vont jamais à Cité Soleil !

---

[18]   En 1979, un désaccord portant sur le développement de Médecins sans frontières et sur sa vision trop médiatique provoque le départ de Bernard Kouchner, ce qui entraîne la scission de l'organisation. En réaction, Kouchner et quelques loyaux membres fonderont en mars 1980 Médecins du monde.

Le problème, ici ou ailleurs, c'est la répartition de la richesse. Vous savez quels sont les deux principaux fléaux en santé dans le monde? La malnutrition et l'obésité. C'est révoltant! La moitié de la planète est affamée, l'autre est obèse...

Sur le plan mondial, pour chaque dollar investi dans l'aide au développement, on consacre 17 $ aux dépenses militaires. Plus de la moitié de ces dépenses sont faites par les États-Unis. Près d'un milliard de personnes luttent pour survivre avec moins d'un dollar par jour et 800 millions de personnes souffrent de malnutrition chronique.

Depuis le 11 septembre 2001, les États-Unis ont consacré plus de 700 milliards de dollars de leur budget national au financement de leurs guerres et de leurs mesures de sécurité.

Après le 11 septembre

Un mois presque jour pour jour après le drame du 11 septembre 2001, Médecins du monde Canada prend la décision d'aller secourir les réfugiés afghans, alors que tous les regards sont tournés vers New York.

On est arrivés en Afghanistan en mission d'urgence avec 25 000 $ pour explorer le terrain et donner des soins de santé aux réfugiés. Au bout du compte, *c'est devenu une mission à long terme : Médecins du monde Canada est resté en Afghanistan pendant trois ans, à donner des soins de santé primaire....*

En 72 heures, Réjean Thomas va amasser les fonds nécessaires pour la première mission d'urgence à l'étranger de Médecins du monde Canada, grâce à un don du couple René Angélil et Céline Dion, en plus d'organiser un spectacle-bénéfice au Spectrum de Montréal avec, entre autres, le chanteur Paul Piché.

Le 13 octobre, vers minuit, j'arrive à Téhéran, en Iran, en compagnie des médecins Amir Khadir et Gligor Delev, et aussi de l'ingénieur Jean-Philippe Tizi qui s'occupe de logistique. Le lendemain matin, notre mission commence. Direction : un camp de réfugiés afghans, à 46 kilomètres de la frontière iranienne. Notre délégation doit emprunter le couloir humanitaire pour s'y rendre. Je suis inquiet, stressé; la question de la sécurité n'a pas été vraiment abordée avant notre départ...

Nous sommes quatre fous venus aux frontières de l'Iran, quatre hommes qui croient qu'il est encore possible de changer le monde, un monde si souvent difficile à comprendre. Et nous ne sommes pas les seuls fous remplis d'espoir et d'illusions.

Le lendemain soir, pendant que notre convoi s'installera près du camp de réfugiés afghans, 800 personnes, aussi pacifistes et idéalistes que mes collègues et moi, seront rassemblées au Spectrum de Montréal.

En effet, à l'autre bout du monde, au centre-ville de Montréal, 800 personnes ont une pensée pour Réjean Thomas et ses collègues, comme l'a rapporté le critique de *La Presse* le lendemain :

« Une trentaine d'artistes ont foulé les planches du Spectrum mercredi soir dans le cadre du concert *Chansons d'espoir*, pour appuyer une mission de Médecins du monde en Afghanistan. [...] C'est Paul Piché qui a lancé le concert-bénéfice en entonnant *Le voyage*. [...] Les artistes (parmi eux, Daniel Bélanger, Luc De Larochellière, Sylvie Paquette, Luck Mervil et Pierre Flynn) ont respecté la neutralité de Médecins du monde et n'ont pas fait de politique. Ou fort peu. Lors d'une intervention percutante, le comédien Luc Picard a illustré, chiffres à l'appui, la détresse de millions d'Afghans, "coincés entre les bombes alliées et un régime de terreur, entre la sécheresse et l'hiver". »[19]

---

[19] VIGNEAULT (Alexandre). « Un peu d'espoir pour le peuple afghan », *La Presse*, 19 octobre 2001.

147

Des jeux et des armes

Pendant ce temps-là, à l'aube, Réjean Thomas et ses confrères se présentent à la barrière du camp de réfugiés, même si on leur a conseillé de ne pas y aller. Des hommes armés leur posent des questions d'usage et leur refusent le droit d'entrer. Mais deux jours plus tard, ils réussissent à pénétrer dans le camp de réfugiés. Aucun groupe, tant parmi les médias que les ONG (organisation non gouvernementale), n'y est encore parvenu.

À l'intérieur du camp, je vois des femmes et des hommes afghans hantés par la peur, mais aussi des enfants qui s'amusent et sourient... Comme si la guerre n'existait pas. Quand je regarde ces enfants jouer, ma peur tombe soudainement.

Des enfants courent vers nous. Les seuls jouets qu'ils ont, ce sont des roches. Ils nous lancent des cailloux; ils veulent jouer avec nous. Ces réfugiés n'ont pas vu de médecin depuis 10 ans ! On est dans l'urgence. Il y a des risques d'épidémies, de typhoïde, de choléra, de rougeole... Il faut vacciner les enfants, encourager l'hygiène.

Il y a aussi des Talibans armés avec nous à l'intérieur... bien qu'on nous ait juré que tous les Talibans avaient quitté l'endroit. Nous négocions avec un chef afghan. Au beau milieu des pourparlers, je réalise qu'une quinzaine de Talibans se tiennent debout autour avec des kalachnikovs !

Une autre chose qui m'a troublé a été de voir des réfugiés afghans qui avaient marché pendant des jours pour fuir les bombardements à Kaboul. Ils étaient sourds, blessés et traumatisés. Et ils ne comprenaient pas pourquoi on était là. Dans leur tête, nous faisions partie de ces Occidentaux qui les avaient bombardés pour ensuite venir les soigner... Ils étaient méfiants.

Mais cette méfiance n'est pas toujours là. Ça dépend où et dans quel contexte les missions humanitaires se déroulent. Il y a toujours des risques. Quand tu traverses des camps, tout le monde a des armes.

En Haïti, le Canada n'est pas en guerre. Mais nous ne sommes pas à l'abri du danger. On l'a vu, en mai 2008, avec l'enlèvement de Nadia Lefebvre, une jeune Québécoise stagiaire de Médecins du monde à Port-au-Prince. Cela va sûrement susciter une réflexion à Médecins du monde Canada : que fait-on à l'avenir ? Est-ce qu'on reste là ? Quels sont les risques de récidive ? C'est dommage parce que ces gestes commis par de petits bandits pénalisent tout le travail qui a été effectué avant là-bas.

Pour la suite des choses

Fondateur de Médecins du monde Canada, Réjean Thomas en a été durant sept ans le président. Il a quitté l'organisation en 2006, mais il continue de participer à des missions et de donner des conseils à l'occasion. « Il ne s'impose pas, explique André Bertrand. En quittant la présidence, il nous a dit, à Nicolas Bergeron (le nouveau président) et à moi, qu'il ne voulait pas jouer à la belle-mère avec Médecins du monde. »

Je crois qu'une organisation comme MDM ne doit pas dépendre de son fondateur si elle veut évoluer. J'ai quitté à un moment où je sentais que l'organisation était solide et qu'il y avait une bonne relève, que MDM ne dépendait pas de son fondateur. J'avais fait ce que j'avais à faire et je suis parti à un moment propice. Il faut choisir le bon moment pour partir afin que l'organisation puisse continuer à se développer sans son fondateur.

Ça me fâche quand j'entends des gens dénoncer « la business de l'humanitaire » en prétendant, entre autres, que l'aide ne se rend pas dans les pays. C'est sûr que ce n'est pas parfait et que c'est une entreprise complexe où l'on doit s'adapter aux divers contextes culturels, politiques, économiques. Mais, au-delà des élans du cœur, il y a des femmes et des hommes

*qui accomplissent un travail énorme en risquant
leur vie dans des pays en conflit.*

À la défense des parias

« Réjean est un bâtisseur, un rêveur et un visionnaire.
Il défonce des portes. C'est un gars tenace qui accomplit des choses », résume André Bertrand à propos du
mandat de Réjean Thomas à Médecins du monde.

L'ex-premier ministre Jacques Parizeau fait aussi
l'éloge du travail humanitaire du docteur Thomas :

« Dans toutes les sociétés, à un moment précis de
l'histoire, on trouve un petit groupe de médecins qui
décident de s'occuper des parias. Qu'importent les époques ou les maladies — que ce soit la lèpre, la peste,
le choléra ou le sida —, ces médecins se rassemblent
et s'entendent sur le constat qu'il y a des parias dans
le monde, qu'ils doivent les soigner et les aider à
vivre. Or, le docteur Thomas fait partie de ce groupe
de rares individus. Dans ma lointaine jeunesse,
c'était le docteur Albert Schweitzer qui soignait les
lépreux dans la brousse africaine. Au Québec, c'est
Réjean Thomas et son combat pour sauver les sidéens.
De plus, ce qui est fascinant avec le docteur Thomas, poursuit M. Parizeau, c'est qu'il parvient aussi à
communiquer sa conscience sociale aux autres ! Il a

l'aptitude de faire passer son message dans les médias.
Cet homme attire la compassion. »

Je lui fais remarquer que certaines personnes lui
reprochent d'ailleurs de se mettre trop à l'avant-scène,
de se servir des médias.

« Je n'écoute pas ce genre de critique, réplique
Jacques Parizeau. Il ne faut jamais en vouloir aux
gens qui ont une cause à défendre de savoir utiliser les
médias. C'est idiot ! À notre époque, c'est le meilleur
moyen de joindre la population et de faire avancer les
choses. »

André Boisclair abonde dans le même sens. « Une
chance que Réjean a pris la parole dans les médias. Il
n'avait pas le choix : s'il voulait informer les Québécois
sur le sida et combattre les préjugés si tenaces dans
les années 1980, il devait atteindre le public par les
médias. »

*Il ne faut pas se leurrer : souvent, on décide de
s'investir et de lutter pour une cause humanitaire,
un peu pour se donner bonne conscience comme Occidentaux riches et privilégiés. J'en suis conscient.
En quoi l'humanitaire peut-il changer les choses, me
demande-t-on parfois ? Tout ça est fort complexe.
Pourquoi attendons-nous une catastrophe naturelle
pour dénoncer les droits humains en Birmanie ?*

Parce qu'il n'y pas de pétrole? C'était connu depuis longtemps. Dans les années 1990, le régime birman éliminait les prostituées séropositives, les tuait ou les envoyait au Cambodge ou en Thaïlande. Tous ceux qui ont un baccalauréat en science politique connaissent la situation politique en Birmanie. On entre dans des jeux de pouvoir, de commerce. Si on fait une conférence de presse chaque semaine sur les droits humains en Birmanie, au bout de trois semaines, plus un média ne va en parler. Il ne faut pas donner toute la responsabilité à l'humanitaire. Le citoyen a aussi son rôle à jouer. Il doit sensibiliser les élus, dénoncer les injustices dans le monde, s'informer, s'impliquer, etc.

L'autre jour, une femme m'a arrêté dans la rue pour me féliciter pour « mon œuvre »... Mon œuvre? C'est quelque chose, quand même! C'est flatteur. On ne s'implique pas dans l'humanitaire seulement pour aider les autres: on le fait aussi pour soi. Il le faut. C'est pareil pour tout travail. Tu ne fais pas long feu si tu n'en retires pas de satisfaction personnelle.

Mais personne ne devient travailleur humanitaire pour se faire de la publicité ou passer à la télévision. Du moins, ceux qui le font sérieusement. Sinon tu ne dures pas. L'engagement humanitaire de Bill Gates ou de Bono, c'est l'affaire de toute une vie.

LE REBELLE

« Les gais (hommes ou femmes) sont élevés dans le mensonge, car ils apprennent très tôt à cacher la vérité, à la détourner. Dès l'enfance, les homosexuels doivent se comporter comme s'ils étaient « hétérosexuels », faire fi de leurs attirances, de leur désir.

Adultes, la plupart des gais vont continuer de mentir à propos de leur vie amoureuse. Certains le font systématiquement, avec tout le monde; d'autres sont plus sélectifs et choisissent de mener une double vie. Ils sont gais avec leur amis les week-ends, et hétéros au bureau la semaine ! »

– Réjean Thomas, interviewé par Denise Bombardier dans le cadre *de Parlez-moi des hommes* en 2001

Un mâle qui en baise un autre est un double mâle.

– Jean Genet, *Notre-Dame-des-Fleurs*

LE REBELLE
Vivre sa vie

C'est un bel après-midi chaud et ensoleillé de l'été indien à Tracadie-Sheila. La route, entre champs de tourbe et de pommes de terre, semble appartenir à Arcade Thomas. Au volant de sa voiture, le père de Réjean Thomas me fait visiter le littoral acadien : Pokemouche, Shippagan, Lamèque, Caraquet. La saison de pêche est terminée, les pêcheurs de homards et les crabiers ont hissé leurs gros bateaux sur les quais. On dirait de vastes stationnements pour navires au-dessus du golfe du Saint-Laurent.

Arcade Thomas emprunte le pont menant à l'île Miscou, à l'extrême est de la péninsule acadienne : on se croirait au bout du monde. M. Thomas veut passer par Miscou afin de visiter une connaissance : une belle grande Acadienne radieuse de le voir arriver à l'improviste. Elle est revenue ici, dans son île bercée par la mer et 4 siècles d'histoire, après un exil de 20 ans en Norvège.

Au retour, M. Thomas s'arrête à Caraquet pour aller prendre un café. Et il aborde son sujet préféré : les femmes, les « petites dames » de la péninsule. Car le désir ne disparaît jamais complètement... Même à 79 ans !

En parler ou pas...

Arcade Thomas a probablement appris que son fils était homosexuel en regardant *Parler pour parler* un soir à la fin des années 1980. À l'époque, l'émission animée par Janette Bertrand à Télé-Québec (alors Radio-Québec) était l'une des plus populaires, tous réseaux confondus. Chaque semaine, l'animatrice recevait à sa table des invités afin de discuter de différents sujets ou phénomènes de société, dans une atmosphère conviviale et tout en mangeant.

Ce soir-là, Réjean Thomas est invité à *Parler pour parler* lors d'une émission consacrée au sida. Peu avant l'enregistrement, la comédienne Diane Jules (qui seconde Janette Bertrand dans le rôle de Violette, la domestique) demande aux invités si on peut dévoiler leur homosexualité en ondes. Réjean Thomas lui répond que sa famille n'est pas au courant... Il préfère qu'on le présente à titre de médecin traitant des personnes atteintes du sida, raison pour laquelle il a d'ailleurs été invité, sans qu'on mentionne son orientation sexuelle.

Mais dans l'énervement, l'émission débute avant que Violette puisse prévenir Janette Bertrand. Et l'animatrice commence en présentant ses invités comme des « hommes homosexuels venus discuter du sida »...

À 900 kilomètres du studio, la famille Thomas regarde Télé-Québec ce soir-là.

Après l'émission, j'ai reçu une lettre, pas très gentille, de ma sœur. Elle me disait en gros que si je continuais à parler d'homosexualité à la télévision et dans les médias, j'allais faire mourir notre père...

J'ai aussi eu une grosse chicane avec ma mère à ce sujet au téléphone. Et nous ne nous sommes pas parlé pendant près d'un an ! Ce silence a été très lourd... Car durant 15 ans, soit depuis que j'avais quitté la maison pour aller étudier à l'Université de Moncton, j'appelais ma mère tous les samedis soir à 19 heures piles. Pas à 20 heures !

Au bout de 9 ou 10 mois, maman a commencé à me laisser des messages, mais je ne l'ai pas rappelée tout de suite. Puis j'ai repris contact. C'était impensable de continuer à ne pas parler à ma mère. Toutefois, jusqu'à sa mort, maman et moi n'avons jamais mentionné l'épisode de Parler pour parler, *ni évoqué le sujet de l'homosexualité. C'était tabou.*

On se parlait de tout — de l'actualité, de la politique, des voyages, de la famille — sauf de ma vie privée. Toutefois, maman n'était pas dupe. Elle connaissait et aimait mes amis gais. Je ne lui ai jamais présenté de « blondes » et je n'ai jamais joué un jeu.

Je me souviens d'une anecdote. Durant notre voyage à Paris, je l'ai emmenée souper au restaurant du bar Les Bains Douches, à l'époque assez fréquenté par la clientèle gaie. Tous les serveurs étaient habillés avec des jupes pour hommes signées Jean-Paul Gaultier. Et elle aimait ça !

Ma lettre à mon père

Échaudé, Réjean Thomas refuse par la suite d'aborder directement le sujet de son homosexualité dans les médias. En juillet 1995, l'hebdomadaire *Voir* le contacte pour l'interviewer sur le thème de l'homosexualité et de la vie publique, dans le cadre d'un reportage soulignant le défilé de la Fierté gaie à Montréal. Le docteur Thomas décline poliment. Il ne veut pas « porter ce flambeau », à l'instar d'une trentaine de personnalités gaies contactées par *Voir*, dont Daniel Pinard, André Boisclair, Clémence Desrochers et Dany Turcotte « qui ne voulait pas être le Che Guevara de la révolution gaie ». Devant tous ces refus, le journal fera plutôt sa couverture avec le tabou de l'homosexualité dans la vie publique. Plus tard, Réjean Thomas dit aussi non à l'animateur Richard Martineau qui désire l'interviewer sur ce sujet pour *Les Francs-tireurs*, en répondant qu'il n'est pas encore prêt...

Finalement, après la mort de sa mère, il accepte de parler de son orientation sexuelle à la télévision, dans une entrevue avec Denise Bombardier, en 2001, dans le cadre de l'émission *Parlez-moi des hommes*. Il a 45 ans et se sent enfin prêt à aborder publiquement le sujet.

Je savais que ma mère, mon frère et ma sœur étaient au courant de mon orientation sexuelle, mais j'ignorais si mon père l'était... J'ai donc écrit une lettre à mon père pour lui dire la vérité avant que l'émission soit diffusée. Il m'a répondu qu'il m'acceptait comme j'étais... mais qu'il préférait que ça reste en famille !

Même après cette sortie publique, Réjean Thomas a rarement abordé son homosexualité en famille, particulièrement avec son père, l'un et l'autre ne sentant pas le besoin d'aller plus loin, d'approfondir le sujet.

Mon père va bientôt avoir 80 ans. Il a travaillé toute sa vie dans des chantiers de construction, un milieu pas mal macho. Il fait partie d'une génération d'hommes qui vivent en région, qui sont croyants et qui sont mal à l'aise avec l'homosexualité.

D'ailleurs, Arcade Thomas ne mentionne jamais le terme « homosexuel ». Il parle plutôt de « célibataires », de « vieux garçons », de *ces* hommes qui sont « comme ça »...

Et il se demande candidement si *ces* hommes courtisent aussi les femmes ?

Mon père s'étonne toujours de me voir entouré de femmes très belles et charmantes. Il ne comprend pas que les gais peuvent aussi aimer les femmes, les trouver belles, sensuelles et séduisantes... à leur manière.

L'éveil du désir

Le long processus du *coming out* de Réjean Thomas n'est pas rare dans la communauté homosexuelle. Il ressemble au parcours de beaucoup de jeunes gais nés dans des familles catholiques ou traditionnelles. Qui plus est, en région, les gais sont isolés et, bien sûr, beaucoup moins nombreux qu'à Montréal ou à Québec. Il se peut que ce soit plus dur de constater et d'accepter sa différence en région. Loin des grandes villes, les gais vivent leur homosexualité plus discrètement, afin de ne pas se marginaliser davantage dans leur milieu.

Déjà, à l'école primaire, il y avait des signes que j'étais attiré par les garçons. Je me souviens que mon meilleur ami en cinquième année, à neuf ans, était un gars très efféminé. Un jour, un professeur nous a prévenus de ne plus nous tenir ensemble parce qu'il croyait que plus tard « on allait virer mal »! Inutile de préciser que mon ami et moi, nous nous sommes longtemps demandé ce qu'il voulait bien dire par là...

Jusqu'en douzième année, j'ai refoulé mes penchants et mes attirances pour les garçons. J'ai même eu des blondes. Mais les jeunes hommes me perturbaient de plus en plus. À l'Université de Moncton, à 17 ans, pendant mes études en sciences de la santé, j'ai finalement mis un mot, et un sentiment, sur mon orientation sexuelle. Ce n'était toujours pas facile à accepter. Au fond de moi, je ne voulais pas être homosexuel. Je priais pour ne pas être homosexuel!

Et puis je me souviens d'un soir en particulier... J'étais dans ma chambre à la résidence de l'Université de Moncton, debout sur le balcon, au 10ᵉ étage. Je regardais en bas. Et j'ai fixé le sol durant un long moment, les mains sur la balustrade, en me demandant si j'allais sauter ...

Ce souvenir me bouleverse encore. J'ai 53 ans, maintenant, et je n'avais encore jamais parlé de ça...

Sur le divan

Longtemps, Réjean Thomas a vécu sur la voie rapide, plongé dans les études et le travail, fuyant d'un projet à l'autre, d'un défi à l'autre, d'une mission à l'autre. Il était le dernier candidat à l'introspection. Puis arrive l'épisode de *Parler pour parler* et le conflit avec sa famille qui le rend encore plus fragile psychologiquement. Il décide de suivre une psychothérapie qui durera cinq ans.

Et ça m'a sauvé la vie! Ma psychologue a alors diagnostiqué une dépression sous-jacente qui durait depuis mon enfance! L'élément déclencheur pour consulter a été le conflit avec ma mère. J'avais décidé de couper le cordon ombilical. Il y avait aussi ma colère contre mon père absent, l'acceptation de l'homosexualité, la peur de l'intimité... Au bout de cinq ans de thérapie, j'ai pu enfin guérir mes blessures d'enfance.

C'est drôle, rétrospectivement, je constate que j'ai eu plus peur de VOULOIR mourir que de la mort elle-même. Même si la mort rôdait autour de moi. De 1984 à 1996, jusqu'à la trithérapie, tous les patients que j'ai aidés sont morts malgré mes soins. Ces gens m'ont fait confiance. Ils m'ont demandé de les sauver et je n'en ai pas été capable... C'est sûr que ça m'a marqué. Je ne sais pas jusqu'à quel point. Mais j'en parle et je sens que ça m'affecte encore.

La souffrance des gais

En entrevue, Réjean Thomas évoque souvent la souffrance des homosexuels. Pour lui, ce n'est pas une provocation. Il est convaincu qu'elle existe, qu'elle est bien réelle, tangible, palpable.

J'en ai souffert moi-même durant des années. À l'école. À l'université. Au début de ma pratique médicale. Et je ne suis pas un cas unique parmi les gais... Depuis 25 ans, j'ai vu beaucoup de patients homosexuels souffrir. Et pas seulement des malades et des séropositifs. J'ai vu plein d'hommes gais en parfaite santé, ayant du succès dans leur travail, dans leur couple et, pour certains, dans la vie publique, mais ces hommes demeurent fragiles, vulnérables, avec peu d'estime d'eux-mêmes.

Malgré les progrès et la reconnaissance sociale, l'homosexualité demeure une dure réalité pour beaucoup d'hommes et de femmes en 2008. C'est révélateur qu'autant d'homosexuels courent après

*le plaisir et le succès pour compenser un manque
d'estime de soi.*

Le « masque du sourire »

Paradoxalement, cette détresse se manifeste parfois à
travers une grande exubérance, une soif de plaisir et un
besoin compulsif de faire la fête. D'où les nombreuses
raves très courues par certains membres de la communauté gaie. Et pas seulement les jeunes.

*À Rio de Janeiro, à l'été 2007, j'ai assisté à une
conférence très intéressante d'une sociologue noire.
Sa présentation parlait « du sourire comme masque
de la souffrance des Brésiliens ». Pour elle, la souffrance des Brésiliens d'origine africaine est reliée
à leur passé d'esclaves qu'ils ont transformé en
un éternel besoin de faire la fête, le carnaval. J'y
ai vu un parallèle avec le côté festif de plusieurs
homosexuels. Je crois que la souffrance humaine
— qu'elle provienne de l'esclavage, de la peur, de la
maladie ou de l'homophobie — va toujours engendrer
de l'irrationnel, de la pensée magique et de l'excès.
Pour moi, comme pour bien des gais, la fête a été
un baume sur la souffrance et le mal de vivre.*

Des gains fragiles

Malgré l'évolution gigantesque de la société en matière de droits des gais, les gains demeurent récents et fragiles. Et il y a encore des zones de résistance. Plusieurs parents n'accepteront jamais que leur enfant soit gai. Une famille avec des valeurs morales ou religieuses strictes condamnera probablement l'homosexualité, d'où le choix de certains de la vivre dans la clandestinité.

De plus, vieillir gai, seul, avec le désir d'être aimé et accepté, n'est pas une sinécure. On retrouve souvent un sentiment d'exclusion qui contribue à nourrir la fatalité envers le sida ou d'autres maladies.

En Occident, il y a une grande valorisation de la jeunesse, de la beauté et de la performance, autant chez les femmes que chez les hommes. Mais c'est encore plus troublant chez les hommes gais. Un homosexuel est vieux à 40 ans ! Alors, à 50 ans ou à 60 ans, ce n'est pas surprenant qu'un gai puisse penser que ses belles années sont derrière lui, qu'il a assez vécu...

En être ou pas

Le problème, c'est que la société dichotomise trop l'orientation sexuelle. Il faut choisir, et le plus vite possible : tu es gai ou bien tu es hétéro. C'est noir ou c'est blanc. Jeune, je me suis senti obligé de me brancher, de choisir exclusivement l'homosexualité... Dans les faits, la sexualité est quelque chose de complexe, avec plein de nuances et de zones grises, comme l'illustre la fameuse échelle du docteur Kinsey qui, à mon avis, demeure pertinente un demi-siècle plus tard.[20]

Il existe des gens qui ne se définissent pas comme « exclusivement » homosexuels ou « exclusivement » hétérosexuels, ni même bisexuels. Ils peuvent tomber amoureux d'un être humain. Point. Peu importe son sexe. Et ils refusent d'être étiquetés dans une catégorie ou dans un groupe.

Si Réjean Thomas a mis du temps à avouer publiquement son homosexualité, il ne s'en cachait pas pour autant. Déjà, durant ses études en médecine à Québec, il a participé à la fondation du premier groupe gai de l'Université Laval. Tous ses amis et ses collègues le

---

[20] Dans les années 1950, la thèse des études du biologiste Alfred Kinsey voulait prouver que l'homosexualité et l'hétérosexualité ne sont pas des orientations sexuelles et amoureuses « exclusives ». Selon le docteur Kinsey, elles constituent plutôt les pôles d'un continuum de l'orientation sexuelle. En étudiant le comportement sexuel des Américains, Kinsey a conçu une échelle graduée d'exclusivement hétérosexuel (0) à seulement homosexuel (6), en passant par bisexuel (3).

savent depuis longtemps. Toutefois, encore aujourd'hui, il a une certaine pudeur à aborder le sujet sur la place publique.

Parce que, contrairement à certains militants gais, je ne suis pas convaincu qu'en parler soit essentiel... Je ne pense pas qu'une personnalité publique doive obligatoirement confier son orientation sexuelle à la population. Au fond de moi, je persiste à croire que l'homosexualité reste du domaine de la vie privée. Pourquoi faudrait-il que madame X de Matane, ou monsieur Y de Dolbeau, sache à tout prix qu'une telle ou qu'un tel est gai?

N'empêche, une sortie du placard ne vient pas uniquement combler une soif malsaine de curiosité du public à propos de la vie privée des vedettes. Une personnalité publique est aussi un *role model*, comme on dit en anglais. Ses choix de vie et ses opinions influencent les gens et peuvent aider d'autres gais. Par exemple, les *coming out* de Jodie Foster ou d'Ellen DeGeneres ont soulagé des milliers de jeunes gais dans le monde. Ils se disaient : voilà deux belles femmes brillantes, talentueuses, qui réussissent leurs vies professionnelle et privée, et qui sont aussi gaies...

J'ai choisi de faire mon coming out. Mais, honnêtement, je m'impliquais autant pour la cause homosexuelle avant ma sortie du placard. Depuis 25 ans, je soigne des malades du sida, je travaille pour des fondations afin d'amasser des fonds pour la lutte contre le sida, je dénonce depuis toujours dans les médias les préjugés et la discrimination contre les gais et les lesbiennes. Est-ce que mon coming out *a changé quelque chose? Non! Absolument pas! Je continue à m'impliquer de la même façon pour la cause.*

Le libre choix

Au fond, une personnalité ne doit pas se sentir obligée de sortir du placard pour aider la cause des gais. C'est un choix personnel. Et n'oublions pas que s'afficher publiquement peut encore nuire à la carrière de certaines personnes en 2008. Ou bien les réduire à leur orientation sexuelle. Ils risquent d'être étiquetés comme le médecin gai, le chanteur gai, l'acteur gai, l'écrivain gai, le politicien gai, etc. Qui peut exiger un si gros sacrifice d'un homme ou d'une femme?

Réjean Thomas a été échaudé en voyant l'homosexualité d'André Boisclair, pendant ses 18 mois à la tête du PQ, mentionnée dans les médias, « pernicieusement et quotidiennement » [21] pour reprendre les mots de Jean-Jacques Stréliski, spécialiste en communication. Selon lui, un politicien hétérosexuel n'aurait pas eu droit au même traitement.

Pourquoi si peu de gens ne se sont pas indignés davantage devant l'homophobie de l'animateur de radio de Jonquière, Louis Champagne, lorsqu'il a insulté André et le député péquiste Sylvain Gaudreault en parlant du PQ comme d'un « club de tapettes » ? Imaginez si il avait plutôt insulté les Noirs ou les femmes... On l'aurait congédié sur-le-champ !

À mes yeux, certains commentateurs sont allés beaucoup trop loin, avec des attaques vicieuses contre André. Le titre d'un article de La Presse *durant la campagne était : « Je veux que le chef se fasse déboîter »!*[22] *C'est extrêmement violent !*

[21]   STRÉLISKI (Jean-Jacques). « Question d'images : Respect ! », *Le Devoir*, 29 octobre 2007.
[22]   LAGACÉ (Patrick). « Je veux que le chef se fasse déboîter », *La Presse*, 1er mars 2007. NDLR : Le titre est en fait tiré d'un commentaire d'un militant souverainiste du Saguenay-Lac-Saint-Jean qui se vidait le cœur à propos de Boisclair.

Premier ministre gai recherché

Peu après la démission d'André Boisclair comme chef du PQ, le président de Gai Écoute, Laurent McCutcheon, a signé un texte dans *Le Devoir*, à l'été 2007. Il y affirme, entre autres choses, qu'un « futur premier ministre gai devra être un authentique populiste doublé d'un communicateur charismatique, exempt de tout reproche [...] et qu'il devra être parfaitement à l'aise avec son orientation sexuelle, se montrer authentique, cohérent dans ses valeurs personnelles et dans sa vie privée. Un futur premier ministre gai ne pourra pas compter sur la réserve des médias pour mettre sa vie privée à l'abri de l'opinion publique. [...] »[23]

Je suis en total désaccord avec cette vision utopique des choses. Peut-on souhaiter avoir des politiciens qui sont simplement humains ? Point. Si on n'avait eu que des politiciens avec des vies privées impeccables, irréprochables, sans défauts, on n'aurait jamais élu René Lévesque ou Pierre Elliott Trudeau. On n'aurait jamais connu des hommes publics de la trempe de Bill Clinton ou de François Mitterrand, de John F. Kennedy ou de Barack Obama, et de combien d'autres grands hommes politiques ayant marqué l'histoire.

---

[23] McCUTCHEON (Laurent). « À quand un premier ministre gai ? », *Le Devoir*, 28 juillet 2007.

LE MONDAIN

L'humanitaire doit aussi parfois être une démonstration.
Pour sauver des vies. Au Biafra, il y a eu deux millions
de morts et nous n'avons rien fait.

[...] La télévision a banalisé l'horreur, oui mais elle
l'a rendue perceptible. [...] Une conscience universelle
lentement s'éveille. Nous la devons pour une part à cette
télévision imparfaite...

– Bernard Kouchner, *Ce que je crois*

L'information et l'humanitaire sont le remède
contre les douleurs extrêmes.

– Bernard Kouchner, *Le malheur des autres*

LE MONDAIN
Un médecin pas comme les autres

Réjean Thomas marche sur le boulevard Saint-Laurent, en direction d'un restaurant thaïlandais près de chez lui. De l'autre côté de la rue, sur la terrasse, le propriétaire d'un restaurant branché l'interpelle : « Réjean, où vas-tu comme ça ? Tu ne peux pas aller manger ailleurs ! Laisse-moi au moins t'offrir un verre ! » Une fois attablé au restaurant, des clients, connus ou pas, viennent le saluer et le « féliciter pour tout ce qu'il fait ».

À Montréal, à Québec ou à Tracadie-Sheila, Réjean Thomas se fait souvent accoster dans la rue. Par toutes sortes de gens : des mères de famille qui aiment le voir à la télévision, des jeunes de la rue qui le reconnaissent et sentent qu'ils peuvent lui parler sans le déranger, des gens d'affaires qui appuient ses causes humanitaires, des athlètes professionnels ou des personnalités du showbiz qui le remercient de son implication. Du chauffeur de taxi à l'actrice du moment, Réjean

Thomas reçoit des preuves de reconnaissance de tous les milieux.

Au fil des années, le médecin est devenu une personnalité qu'on invite aux premières mondaines, qu'on prend en photo sur les tapis rouges. En 2006, il était à la première du spectacle du Cirque du Soleil, *Love*, à Las Vegas, avec André Boisclair. Auparavant en 2004, à la demande de Guy Laliberté, le docteur Thomas a agi à titre de conseiller spécial pour le Cirque du Soleil. Il a présenté une série de conférences aux artistes et aux artisans sur le sida en milieu de travail, ce qui l'a amené à voir tous les spectacles du Cirque du Soleil dans le monde.

Chez Georges...

Le 19 juin 2005, Réjean Thomas a voulu célébrer ses 50 ans dans son restaurant préféré à Paris : Chez Georges, sur le toit du Centre Pompidou, avec une vue imprenable sur la Ville lumière. Comme si souligner sa fête dans un salon VIP du resto le plus branché de Paris ne suffisait pas — l'endroit est fréquenté par les Jean-Paul Gaultier, Emmanuelle Béart, Isabelle Adjani, Jeanne Moreau et Bernard-Henri Lévy —, Réjean Thomas avait réuni une trentaine d'amis et collègues venus expressément de Montréal.

J'avais le goût de faire quelque chose de différent pour mes 50 ans. Je voulais être à Paris, parce que c'est ma ville préférée, et j'ai des amis, comme Luc Plamondon et Marie-Josée Croze, qui y habitent. Quand mes proches ont su que j'allais à Paris pour mon anniversaire, ils se sont organisés, profitant de leurs vacances ou d'un voyage en Europe, pour être avec moi, chez Georges, le soir de ma fête. Et alors nous nous sommes retrouvés, un petit groupe de Québécois, à célébrer au cœur de la capitale de l'Hexagone: le coiffeur Alvaro, l'auteure Audrey Benoît, la productrice télé Marleen Beaulieu, la peintre Corno ainsi que des amis et collègues de la clinique et du milieu médical.

Un médecin à la une

Au début des années 1990, Réjean Thomas faisait déjà la page couverture de l'hebdomadaire montréalais *Voir*, en jeans et chandail signés, avec les cheveux blonds et rebelles, son stéthoscope autour du cou. À l'époque, faire la une de *Voir*, c'était LA consécration pour un acteur ou un chanteur. Imaginez pour un médecin!

« Parfois, en voyant Réjean lors des missions pour Médecins du monde, de jeunes Africains s'imaginent qu'il est Bono », raconte André Bertrand.

Aujourd'hui, quand Réjean Thomas organise une conférence de presse, les quotidiens, les télés et les radios de Montréal se déplacent en grand nombre. Même les médias anglophones. C'est un des rares médecins au Québec qui sollicitent les services d'un attaché de presse permanent pour gérer ses demandes d'entrevues avec les médias (Alain Des Ruisseaux, le relationniste de Diane Dufresne).

Son côté vedette ne plaît pas à tout le monde. Certaines personnes lui reprochent son narcissisme, sa grande visibilité médiatique, son allure trop rock star.

Il est évident qu'on ne peut pas plaire à tout le monde. Surtout si on est médiatisé... Comme pour tous les médecins, il y a une relation qui doit s'établir, le plus souvent à long terme. Parfois, les gens nous jugent en se basant sur une seule consultation rapide qui les a déçus.

Si j'ai un attaché de presse, ce n'est pas pour jouer à la vedette, c'est parce que je recevais trop d'appels de journalistes à la clinique. Certains journalistes insistants se présentaient même à la réception, car ils voulaient me voir dans mon bureau pendant que j'étais en consultation avec des patients ! Je regrette, mais les médias ne passeront jamais avant mes patients. Désormais, quand les journalistes appellent à la clinique, la réceptionniste peut les diriger vers mon attaché de presse.

Une maladie à la mode...

Je n'ai pas choisi d'être connu. Je n'ai pas choisi d'être acteur ou chanteur, mais médecin. Je suis même quelqu'un de très timide... Par contre, j'assume la notoriété. Elle me donne des avantages... mais aussi des inconvénients.

J'ai commencé à pratiquer la médecine au début de la crise du sida. Et le sida est vite devenu une maladie très médiatisée avec la mort de l'acteur Rock Hudson, puis avec celles de Liberace et de Freddie Mercury. Dès lors, des stars comme Elizabeth Taylor et Elton John se sont impliquées dans la lutte contre le sida. Un phénomène qui s'explique aisément puisque le sida, dans les années 1980 en Amérique du Nord et en Europe, touchait surtout des gens de la communauté artistique.

C'était la cause à la mode, le sida. Or, voilà, on le réalise aujourd'hui : une cause n'est jamais éternelle. L'environnement a remplacé le sida. Et le problème n'est pas réglé. Ça demeure la principale cause de mortalité sur la planète avec 3000 décès et de 8000 à 10 000 nouvelles infections par jour ! Selon moi, c'est un gros danger pour le mouvement vert d'ici quelques années. Les gens vont se tanner et vouloir passer à autre chose même si la menace persiste.

Toutefois, je continue de collaborer avec les médias pour faire avancer la lutte contre le sida. Pour moi, je le répète, la médecine est un outil de transformation sociale. C'est une chance inouïe, pour un médecin, d'avoir accès aux médias pour livrer des messages, parler de prévention, de discrimination ou d'exclusion. Les médias sont assez puissants pour changer les mentalités des gens. En passant à la télévision, j'ai pu entrer dans leur vie et les toucher en les informant sur des sujets tabous et des réalités difficiles : le sida, la toxicomanie, l'homosexualité, la marginalité, etc.

Finalement, grâce à la collaboration des médias, on a sauvé la vie d'hommes et de femmes en plus d'avoir contribué à l'éducation populaire.

Kid Kodak?

C'est un privilège d'avoir accès à la tribune médiatique. Encore faut-il savoir comment bien communiquer son message. Or, Réjean Thomas aime donner des entrevues et faire de la télévision.

Au début, j'apparaissais à la télévision, et les gens trouvaient ça cool. Ensuite, on a commencé à me voir plus souvent, et j'ai reçu quelques commentaires négatifs. On m'a qualifié de « kid Kodak »! Si j'accepte beaucoup de demandes d'entrevue, j'en refuse beaucoup aussi. Je ne cours pas après les médias, sauf lorsque je parraine un événement-bénéfice parce que les fonds amassés vont à une cause qui me tient à cœur.

À l'instar de plusieurs personnalités publiques au Québec et ailleurs, Réjean Thomas cultive une relation amour-haine avec les médias et les journalistes.

D'un côté, il connaît bien les médias. Il suit l'actualité de très près. Il est accessible et généreux avec les journalistes. De l'autre côté, il juge sévèrement le travail de certains journalistes. Il ne se gêne pas pour dénoncer certains excès de la presse, ou encore pour critiquer les opinions de ses chroniqueurs, comme durant l'affaire de la chirurgienne pédiatrique de l'Hôpital Sainte-Justine à Montréal, atteinte du sida. « Le traitement médiatique » *a été vulgaire,* tranche abruptement le docteur Thomas.[24]

---

[24] En janvier 2004, la nouvelle qu'un médecin séropositif avait opéré 2614 enfants, de 1990 à 2003, avait semé la panique chez plusieurs parents et provoqué une tempête médiatique. Cette chirurgienne pédiatrique, la docteure Maria Di Lorenzo, est morte des suites du sida à l'âge de 48 ans, en août 2003.

Le pouvoir de la télévision

Or, voilà, Réjean Thomas a vite compris comment se servir des médias, principalement de la télévision, pour témoigner et informer la population sur le sida et les MTS.

Je crois au processus éducatif de la télévision. On est tellement plus informés sur l'état du monde aujourd'hui qu'avant l'arrivée du téléviseur. Dans les années 1960, dans la dernière maison du rang de Tilley Road, grâce à la télévision, nous avions en famille des débats sur la politique, les relations hommes-femmes, l'avortement, etc.

Par exemple, Janette Bertrand a sauvé des vies grâce à ses émissions de télévision, elle a eu tellement d'impact sur le sort des gens au Québec et au Canada... Elle a donné la parole aux exclus et aux marginaux, elle leur a permis de retrouver un peu de dignité. Elle a abordé avant tout le monde à la télévision des sujets tabous dans les années 1960 et 1970 : l'égalité des sexes, les moyens de contraception, l'avortement, les droits des homosexuels et des autres minorités.

Le modèle Kouchner

Réjean Thomas a peu de modèles dans la vie. Toutefois, il admire et respecte énormément certaines personnalités comme Nelson Mandela, Bill Clinton et... Bernard Kouchner. En fait, toutes proportions gardées, il suit un peu les traces du célèbre médecin et homme politique français.

Ces deux médecins très médiatisés se ressemblent sur plusieurs aspects : leur côté *glamour* et « gauche caviar » qui déplaît aux intellectuels et aux idéologues, leur capacité de mener à bout les projets les plus fous, leur passion de l'humanitaire et des relations internationales, et finalement leur besoin narcissique d'être aimé de tout le monde : collègues, journalistes, public.

Attention, ce n'est pas parce qu'un médecin fait du travail humanitaire qu'il n'a pas le droit d'aimer le champagne. Je ne suis pas un prêtre ni un missionnaire. Je n'ai jamais fait de vœu de pauvreté : je suis médecin.

Au Québec, la richesse est suspecte. C'est tabou, parler d'argent. Si quelqu'un a travaillé fort et réussi honnêtement, pourquoi devrait-il se sentir coupable d'avoir de l'argent ? Ou de se donner un peu de confort ? Sans tomber dans l'excès des Américains, on n'a pas besoin de faire dans la simplicité volontaire pour être un bon citoyen au Québec.

D'ailleurs, jamais vous ne m'entendrez dire que je paie trop d'impôts. Je gagne bien ma vie, je paie beaucoup d'impôts et... je trouve ça NORMAL. Le problème, ce n'est pas la richesse, mais la redistribution de la richesse, l'utilisation de l'argent.

De plus, ce n'est pas parce que tu as du succès et de l'argent que tu es incapable de comprendre la pauvreté. Il y a des pauvres qui sont dépourvus d'empathie envers les autres pauvres, qui les méprisent.

À l'opposé, il y a des gens riches qui sont de fervents socialistes. Par exemple, la militante du parti Québec Solidaire, Françoise David, vient d'un milieu très aisé. C'est la fille du réputé cardiologue et sénateur, Paul David. Or, elle consacre sa vie à aider les plus démunis de la société.

Dans mon Alfa Romeo

Quand, en 1993, le film de Tahani Rached, Médecins de cœur, *est sorti au cinéma, on m'a reproché de me voir rouler au volant d'une Alfa Romeo rouge et décapotable...*

Parce que je peux me payer une voiture de luxe? Je suis médecin. Je suis célibataire. Et je n'ai pas d'enfant. Aurait-il fallu que je cache ma voiture dans un film où une cinéaste m'a suivi tous les jours, pendant

un an ? Voyons donc ! J'ai demandé moi-même à la
réalisatrice de me filmer dans mon Alfa Romeo. Je
ne voulais pas jouer le médecin missionnaire et
pauvre. Et je l'assume !

Pour sa grande amie, l'auteure Audrey Benoît, le
look extravagant et coloré de Réjean Thomas, son côté
rebelle et rock star, n'est qu'un jeu. « C'est son jardin
ludique. Mais il a aussi un côté très humble. Si tu écou-
tes vraiment ses discours, il ne parle pas que de son ego :
il ramène souvent ses expériences aux autres. Il parle
de ses patients, de ses collègues, des travailleurs qu'il
a rencontrés en mission, des malades qu'il a soignés à
l'étranger. Son carburant, c'est aider les autres. »

Les gens font tout un plat quand ils me voient à la
télévision avec plein de chaînes et de bijoux autour
du cou. Ils n'en reviennent pas de voir un médecin
portant des bijoux. Ça les frappe ! Or, pour moi, ça
n'a rien de très marginal. J'aime les bijoux. J'en
achète comme souvenirs de voyage. D'ailleurs,
partout dans le monde, on trouve plein d'hommes qui
aiment aussi porter des bijoux. Ce sont les hommes
straights *occidentaux, surtout nord-américains,*
qui s'habillent toujours en jeans, en chemise et en
baskets, qui détestent les bijoux. En Afrique ou dans
les Antilles, tous les hommes portent des bijoux. Et
ils adorent ça.

L'AMI

Beaucoup de mes amis sont venus des nuages
Avec soleil et pluie comme simples bagages
Ils ont fait la saison des amitiés sincères
La plus belle saison des quatre de la terre
[...]
Dans leurs cœurs est gravée une infinie tendresse
Mais parfois dans leurs yeux se glisse la tristesse
Alors, ils viennent se chauffer chez moi [...]

– Jean-Max Rivière/Françoise Hardy, *L'amitié*

Le temps d'apprendre à vivre il est déjà trop tard
Que pleurent dans la nuit nos cœurs à l'unisson
Ce qu'il faut de malheur pour la moindre chanson
Ce qu'il faut de regret pour payer un frisson
Ce qu'il faut de sanglots pour un air de guitare
Il n'y a pas d'amour heureux [...]

– Louis Aragon, *La Diane française*

Il a fermé à double tour
Pour ne pas souffrir, pour ne pas pleurer
Car il croit que l'amour peut tuer...

– Françoise Hardy/Khali Chahine, *Clair-obscur*

L'AMI
Voir un ami pleurer…

Dix-huit mois. De novembre 2005 à mai 2007. C'est le court règne d'André Boisclair à la direction du PQ, durant lequel Réjean Thomas appuiera inconditionnellement le leadership de Boisclair. Contre vents et marées!

Combien de fois, durant ces 18 mois, Réjean Thomas va-t-il défendre vigoureusement son ami, louer son intelligence, son expérience et sa vision du Québec, tout en affirmant que Boisclair est incompris? Pendant la campagne électorale de mars 2007, il s'implique corps et âme. Il organise des levées de fonds, intervient dans les médias, envoie des courriels à tout vent, répond à des journalistes, réagit dans des blogues et des forums sur Internet. Il annule même un voyage important à l'étranger pour être présent durant les derniers jours de campagne.

« Pour Réjean, les élections provinciales de 2007 ont été plus éprouvantes que sa propre campagne dans Saint-Henri en 1994, remarque sa collègue et amie, Danièle Longpré. Réjean était fébrile, anxieux et très, très stressé. Je le sentais plus affecté par les critiques sur André... qu'André lui-même ! »

Pour sa part, Lisette Lapointe estime que « Réjean aurait été moins sensible si les attaques avaient été dirigées contre lui. Mais elles visaient un ami proche. Et Réjean tient l'amitié pour une valeur suprême. Il est toujours là pour un ami. Il est très loyal. »

Ma nuit chez André Boisclair

Au matin du 8 novembre 2005, à peine une semaine avant le scrutin à la chefferie du Parti québécois, Réjean Thomas reçoit un appel urgent à son bureau de l'Actuel. Au bout du fil, c'est le frère d'André Boisclair, Philippe. Ce dernier lui demande de se rendre rapidement chez son frère. Le médecin annule tous ses rendez-vous pour la journée, puis il se précipite chez Boisclair, en compagnie de la docteure Danièle Longpré.

Depuis quelques semaines, les médias font leurs manchettes avec la consommation de cocaïne de Boisclair à l'époque où il était ministre péquiste. Toutes sortes de rumeurs circulent sur son passé. Et cette crise qui aurait pu être étouffée rapidement devient explosive et interminable.

Ce jour-là, quand je suis arrivé chez André, l'atmosphère était insupportable. Je me suis senti un peu mis à l'écart par ses proches conseillers politiques. Ils m'empêchaient d'être seul avec lui. Ils préféraient qu'André réfléchisse de son côté. Je me demandais pourquoi j'étais là.

Maintenant, je sais pourquoi. On craignait que je sois seul avec André. À mes yeux, à un moment donné, ta vie et ta santé sont plus importantes que la politique. Et si, ce jour-là, André m'avait demandé mon avis, je lui aurais dit de lâcher, d'abandonner la course à la chefferie et de démissionner.

Je pense que ses conseillers s'en doutaient et ils ne voulaient pas qu'André lâche une semaine avant la fin de la course. Je m'en foutais! Avant, je croyais que la politique comptait plus que tout, plus maintenant. Je sais que dans la vie on peut accomplir de grandes choses en dehors de la politique. Et surtout que la vie ne mérite pas de telles souffrances.

Finalement, j'ai dormi chez André cette nuit-là, au cas où il aurait besoin de moi. Le lendemain matin, il allait mieux. Je suis retourné à la clinique une fois certain qu'il n'avait plus besoin de moi.

Dans les moments difficiles, notre amitié doit être au-dessus de tout. Parfois, les gens hésitent à appeler ou à voir des amis qui vivent des moments durs. Surtout si, comme pour André, les déboires sont publics. Or, au contraire, il faut se manifester à tout prix. Même si on pense qu'on ne peut rien faire, rien changer, il faut dire à nos amis qu'on est là et qu'ils peuvent compter sur nous. En tout temps !

Je suis tellement plus heureux depuis qu'André n'est plus en politique. Je ne me lève plus le matin en étant inquiet de lire des nouvelles blessantes sur son compte.

Le choc amoureux

Réjean Thomas reconnaît qu'il a davantage réussi ses amitiés que ses amours. Il a même mis une croix sur l'amour. Pour de bon ?

À 24 ans, j'ai eu un ami quand je travaillais à l'Hôpital de Rimouski. Notre relation a duré un an. Elle a mal fini. Il m'a trompé. Et je suis parti à Montréal. Puis j'ai eu d'autres déceptions amoureuses. J'ai aussi été infidèle.

Mais vous savez quoi ? Ce n'est pas plus grave que ça d'être célibataire. On peut se réaliser en restant célibataire. Et je me demande bien où je trouverais du temps pour avoir un chum. Je suis rarement chez moi. De plus, dans ma pratique, je constate que l'infidélité est une chose courante, et je suis jaloux. L'amour me rend obsessif. Je doute beaucoup de l'autre. J'en perds mes moyens. Je peux devenir complètement insignifiant, tétanisé... et me mettre à écouter Diane Juster chanter « Ce matin, je me suis levée pour rien » 50 fois en boucle !

Plus jeune, j'ai donc décidé de renoncer à l'amour. De faire passer mon travail et mes amis en priorité. Le travail, c'est plus solide, plus durable. Mais je ne dis pas que l'amour n'existe pas. Je dis simplement que c'est très rare et que, pour moi, c'est improbable.

Dans mon cas, c'était trop souffrant d'être amoureux, de vivre la passion, j'ai donc pris la décision de ne plus chercher après l'amour. J'ai décidé que je ne tromperais pas mon partenaire et que je ne serais plus trompé.

Alors j'ai décidé que c'était fini, plus jamais je ne souffrirais par amour. Parce que, chaque fois que j'étais amoureux, ça me faisait plus de mal que de bien. Et je n'avais pas le goût de souffrir comme ça toute ma vie.

Je me suis donc rempli un agenda de bord en bord. J'ai travaillé comme un fou. J'ai voyagé partout dans le monde. J'ai développé des projets et des missions. Ce n'est pas un coup de tête, mais une décision très réfléchie : j'ai décidé de croire en l'amitié.

La quadrature du couple

Dans son cas, on peut se demander si l'amitié ne serait pas venue remplacer le vide laissé par l'amour. D'où la grande importance que Réjean Thomas accorde à l'amitié, ses exigences envers ses amis, la disponibilité qu'il exige et qu'il leur donne en retour.

Je ne remplace pas une chose par une autre. L'amitié est là, l'amour non. De toute façon, je n'ai jamais connu de relations amoureuses totalement égales. Dans un couple, il y a toujours un des deux partenaires qui aime plus que l'autre. C'est très rare, un couple dans lequel l'amour est ressenti avec la même force et de façon réciproque par les deux conjoints. C'est l'exception et non la règle.

Je ne veux pas être en couple pour plaire à la société et faire semblant d'aimer parce que la société nous pousse à être en couple. Presque tous les messages, toutes les publicités s'adressent aux couples. On leur vend des maisons, des meubles, des électroménagers, des voyages, des comptes bancaires, des REÉR...

Plus je vieillis, moins ça me dérange d'être seul. J'ai 53 ans et, dans ma tête, j'ai l'impression d'avoir 25 ans. D'aun côté, mon travail en médecine m'a appris à vivre dans le plaisir, dans l'urgence. Les morts du sida m'ont simplement dit de vivre. De l'autre, mon travail humanitaire m'a fait réaliser combien j'étais privilégié, et j'ai conservé une conscience sociale, un désir de partager. J'ai encore le goût de lutter pour les droits humains. Il y a une harmonie qui s'installe à travers tout ça.

En général, dans la vingtaine, tu te cherches. Dans la trentaine, tu commences à te trouver. Dans la quarantaine, si tu ne t'es pas encore trouvé, tant pis, c'est le deadline. *Et dans la cinquantaine, idéalement, tu récoltes tout ce que tu as semé avant.*

Et le fait de ne pas courir après l'amour me donne de l'énergie. C'est hallucinant! Je n'aurais jamais cru ça à 30 ans. Mes amis me trouvent pas mal hyperactif pour un homme de 53 ans. J'ai plein de projets en tête pour la clinique et la nouvelle fondation l'Actuel.

Je veux agrandir ou ouvrir une deuxième clinique à Montréal, faire de la formation, exporter le modèle de l'Actuel à Moscou et ailleurs. Dans 10 ans, je me

vois encore travailler comme médecin à l'Actuel.
Car c'est là que je suis le plus heureux.

Sur le plan personnel, je récolte aussi en amitié.
Il y a de rares amis que j'ai perdus de vue. Ils me
demandaient de les sauver et je n'étais pas capable.
Et ils m'en veulent, même si j'ai essayé de les sauver.
Mais sinon, j'ai un bon cercle d'amis fidèles. Je suis
sûr que, quand je vais mourir, je ne serai pas seul.
Dans la maladie, dans la vieillesse, je serai entouré
de mes amis.

Une amitié particulière

Si Réjean Thomas a renoncé à l'amour, il ne vit
pas seul pour autant. Il habite avec son grand ami, le
coiffeur Alvaro, depuis plus de 20 ans. Vous ne les
verrez jamais photographiés dans leur intimité pour
un reportage de la presse *people*. Mais aux yeux de
leurs proches, ils forment un couple d'amis complices
et affectueux.

« Vous avez le meilleur des deux mondes, dit
souvent leur amie, la comédienne Louise Marleau.
Tous les avantages du couple, sans les inconvénients,
parce que vous gardez votre liberté, vos amis et votre
indépendance. »

Alvaro est un être exceptionnel. C'est un ami, un complice; il est plus qu'un frère pour moi. Il m'a soutenu, aidé et rassuré dans des périodes difficiles. Il est indispensable à mon quotidien. Il est très important dans ma vie.

Les fesses de Valérie!

Leur amitié s'étale sur près de 30 ans. Elle a débuté à l'époque où le docteur Thomas quittait Rimouski pour pratiquer à Montréal et ne connaissait personne dans la métropole. L'anecdote de leur première rencontre, en 1980, est assez cocasse.

Quand je vivais à Rimouski, ma meilleure amie s'appelait Kate Bell. Or, Kate est la cousine de la comédienne et animatrice Danielle Ouimet. Quelques semaines après mon déménagement à Montréal, Kate m'a appelé pour me demander de faire une injection de vitamine B12 à Danielle, car elle couvait une vilaine grippe et devait faire une émission en direct à la télévision.

Je me suis rendu voir Danielle au salon d'Alvaro, alors rue de la Montagne (elle était bousculée par le temps et, de toute façon, je n'avais pas de bureau). Et là, je lui ai administré une injection dans le bureau du salon de coiffure!

Au-delà de l'anecdote, c'est un moment important dans la vie de Réjean Thomas.

Imaginez ! Je suis un jeune médecin de campagne. Je débarque à Montréal à 25 ans. Et les deux premières personnes que je rencontre, ce sont Alvaro, le coiffeur des vedettes québécoises, et Danielle Ouimet, l'héroïne du film Valérie, *à qui je dois faire une injection dans les fesses !*

L'équilibre dans la légèreté

« Notre amitié est à la vie à la mort, résume Alvaro. Je crois que je lui apporte de la légèreté dans son quotidien. Non pas dans le sens superficiel du mot, mais dans celui de la joie, de la beauté. Après une journée à la clinique à soigner des malades chroniques, des mourants, des gens malmenés par la vie, Réjean a besoin de ce côté plus léger, lumineux, agréable, *glamour*. Et je crois humblement que je lui apporte cet équilibre... »

Alvaro ne m'apporte certainement pas que de la légèreté. C'est un être toujours à l'écoute, un être de profondeur. Alvaro devine comment tu te sens sans que tu aies besoin de dire un mot. Il est toujours présent pour ses amis. Il est loin d'être superficiel. C'est l'être le plus loyal que je connaisse.

Selon Audrey Benoît, les amis de Réjean Thomas apprécient son sens de l'humour et son autodérision, mais aussi son ouverture d'esprit, sa curiosité et sa générosité. « Réjean ne juge personne, dit-elle. Il accepte chacun avec ses différences. Réjean est aussi à l'aise de rencontrer un chef d'État dans une soirée officielle qu'un jeune itinérant poqué dans la rue. »

D'ailleurs, de l'ex-premier ministre Jacques Parizeau à l'actrice Marie-Josée Croze, en passant par la docteure Danièle Longpré et le coiffeur Alvaro, ses amis proviennent de tous les horizons : des milieux communautaire, médical, artistique, médiatique ou politique... La réussite de ses amitiés lui procure autant de fierté que ses succès professionnels, car il sait que c'est une denrée rare.

Bernard Kouchner a écrit que « la véritable preuve d'amitié, c'est le succès. Car le succès a vraiment besoin d'amitié, mais, trop souvent, il ne rencontre que la jalousie. »

Certains méprisent ou condamnent Bernard Kouchner. Or, pour moi, il reste le fondateur de Médecins sans frontières et de Médecins du monde. Pour cette seule raison, il mérite le respect. Ça me choque, le cynisme et la méchanceté gratuite des gens parce que tu es un personnage public. Heureusement, mes amis me sont fidèles et me protègent de la méchanceté absurde.

Je ne veux même pas savoir ou entendre les choses négatives qu'on dit sur mon compte. Ça m'affecte trop. La jalousie, l'envie, les choses négatives, ça ne donne jamais rien, ça ne mène nulle part. Je m'intéresse plutôt aux gens positifs, ouverts, actifs. Tant mieux si j'inspire ces derniers par mes actions, mon travail. C'est pour ces gens-là que je persiste.

L'ACADIEN

Moi, j'ignore absolument ce que c'est de quitter son
pays, d'abandonner sa terre. Je suis restée là, enracinée
comme ces arbres centenaires, immobiles et rassurants,
dont la silhouette se découpe dans l'embrasure des
fenêtres. Je n'ai pas bougé. Cette inertie, cette ankylose,
c'est ma vie. Je n'en changerais pas.

[...]

Ce n'est pas facile de partir,
parce que ce n'est pas naturel.

Partir, c'est un arrachement, une manière d'amputation.
Rompre, c'est une violence. Dans l'expatriation, on perd
nécessairement une part de soi.

Non, on ne s'abstrait pas aisément de sa jeunesse.

– *Les jours fragiles*, Philippe Besson

L'ACADIEN
Partir pour mieux revenir

Il est six heures et le jour se lève à Tracadie-Sheila. La lueur de l'aube envahit la chambre de Réjean Thomas, jetant une douce lumière sur le portrait de sa mère, accroché au mur. Dehors, le spectacle est merveilleux : le soleil s'élève au-dessus de la mer, colorant les nuages de tous les tons de rose, de pourpre, de violet. Au loin, de petites cabanes de pêcheurs, plantées sur une fine bande de terre, tranchent sur l'horizon. Réjean Thomas marche vers la mer, visage au vent. Au bout du quai, il se retourne pour regarder son village où dominent les deux clochers de l'église, au-delà de la rive.

Elle fut longue, la route qui le mena jusqu'ici, au pays de sa jeunesse. Après la lutte contre le sida, tous les amis disparus, les missions humanitaires à l'étranger, les conférences au bout du monde, les combats et les déceptions politiques, Réjean Thomas veut bien prendre une pause. Lui, éternel angoissé, nerveux et sensible, semble désormais plus serein, moins agité. Presque calme devant la promesse de l'aube.

Mais n'allez pas croire qu'il envisage de se retirer : il prend seulement un peu de recul.

Cesser de courir

À 53 ans, je n'ai jamais été aussi heureux. J'aime chaque jour davantage mon travail ! Je trouve cette progression extraordinaire, parce que ça aurait facilement pu être le contraire avec les années.

Depuis toujours, je cours. Je cours de la clinique au gym pour faire de l'exercice, puis du gym à Radio-Canada, et de Radio-Canada à un souper d'affaires. Je cours pour me rendre à une réunion de Médecins du monde, ou à une conférence, ou à l'aéroport pour attraper un vol. Depuis 30 ans, je cours du matin au soir. Or, voilà, pour la première fois de ma vie, quand je suis à Tracadie, je ne cours plus.

Si on m'avait dit il y a 10 ans que j'allais acheter une maison à Tracadie-Sheila et que mon père s'y installerait, je ne l'aurais jamais cru ! Or, c'est une des meilleures choses que j'ai faites dans ma vie.

J'ai adoré le dernier film de Denys Arcand, L'Âge des ténèbres. J'ai trouvé son propos très actuel. Je me suis totalement reconnu dans le personnage incarné par Marc Labrèche, qui court tout le temps, lui aussi. À la fin du film, il quitte Montréal et les siens pour prendre du recul et aller réfléchir à sa vie dans le Bas-du-Fleuve. Quand je l'ai vu seul dans sa maison au bord de la mer... j'ai pleuré comme un enfant. Je me voyais chez moi en Acadie. Et je réalisais à quel point j'ai bien fait d'acheter cette maison-là !

De plus, j'ai la chance d'être entouré de ma famille, de mes amis, de me retrouver parmi des gens très gentils, très accueillants, avec de belles valeurs. Car, en Acadie, les gens ont un sens de l'entraide et de la solidarité qui n'a rien à voir avec les rapports humains des grandes villes.

Acadie-Québec

Malgré la distance et l'exil, on ne laisse jamais l'Acadie loin derrière soi. Les Acadiens qui vont vivre à Montréal, à Québec ou ailleurs se sentent un peu déserteurs. Leur départ est souvent mal perçu dans leur communauté d'origine. Ceux qui restent en Acadie éprouvent un sentiment d'abandon. Ceux qui partent, de culpabilité.

Je réalise une chose : je suis parti trop jeune de l'Acadie, soit à 19 ans. Je suis devenu québécois, sans connaître ma culture, mon histoire, mes racines. Aujourd'hui, je constate que les Acadiens sont fatigués d'entendre toujours parler du Québec et de ses éternels problèmes politiques, identitaires ou constitutionnels. Parce que, en retour, les Québécois méconnaissent la réalité acadienne, ou alors s'y intéressent très peu.

Finalement, j'ai deux pays : l'Acadie et le Québec. Je vis une dualité entre ces deux amours. En 1994, en me présentant dans Saint-Henri pour le Parti québécois, je désirais resserrer davantage les liens entre le Québec et l'Acadie. Or, au fils des ans, le PQ n'a jamais vraiment démontré de réel intérêt envers l'Acadie. Il a négligé la cause des Acadiens.

Il faut rassurer les Acadiens sur la question nationale au Québec. On doit leur dire que si le Québec devient souverain, il ne les abandonnera pas. Pour ce, il faut davantage d'échanges (culturels, politiques, économiques, médiatiques...) entre ces deux peuples. Il faut un meilleur dialogue avec les souverainistes. Et ces derniers ont le fardeau de la preuve : ils doivent expliquer aux Acadiens en quoi la souveraineté du Québec n'est pas menaçante pour leur propre survie, pour l'avenir des francophones hors Québec.

Les Québécois reprochent souvent aux Français leur snobisme, leur arrogance. Or, ironiquement, les Acadiens ressentent la même chose de la part des Québécois ! On leur reproche leur accent, leur mode de vie. Par contre, les Acadiens ont un lien fort avec les Gaspésiens et les Madelinots, des Québécois proches d'eux et qui se sentent aussi ignorés par les habitants des grands centres.

Au Québec, la culture acadienne est souvent perçue comme du folklore. C'est bien mal la connaître. Car, au contraire, la culture en Acadie est dynamique, en effervescence, nourrie par de nouveaux et jeunes artistes, musiciens et chanteurs de talent. À l'été 2007, j'ai passé la fête nationale des Acadiens (le 15 août) chez moi, à Tracadie-Sheila. Et j'ai été témoin d'un sentiment de fierté et d'appartenance très fort, quelque chose que je n'en ai hélas pas vu depuis longtemps au Québec un 24 juin !

Hors Québec, point de salut

Il y a un million de francophones hors Québec, qui regardent la télévision ou écoutent la radio de Radio-Canada en français. Loin de Montréal, ils suivent quotidiennement l'actualité politique et culturelle québécoise. Ils assistent aux concerts et achètent les disques d'artistes québécois. À l'inverse, on parle trop peu d'eux au Québec. Les Québécois devraient réaliser que, lorsqu'ils sont interviewés sur le réseau de Radio-Canada, ils ne s'adressent pas seulement aux Québécois.

Les médias ont couvert abondamment le 400ᵉ anniversaire de la fondation de la ville de Québec. Et c'est normal. Mais pourquoi le 400ᵉ anniversaire de la fondation de l'Acadie, en 2004, est-il passé presque inaperçu dans les médias nationaux ? C'était un anniversaire important. Il soulignait l'établissement, en 1604, de la première colonie française de Sainte-Croix, et le début de la présence francophone en Amérique du Nord. Or, on l'a à peine mentionné dans les médias québécois. Il n'y a eu que l'animatrice Sophie Durocher pour représenter les journalistes montréalais en Nouvelle-Écosse.

Je m'explique difficilement ce peu d'intérêt alors que nos deux peuples mènent, depuis plus de 250 ans, le même combat : celui de la survivance des peuples francophones en Amérique du Nord. S'il y avait sept millions d'Acadiens, je crois qu'on l'aurait, depuis longtemps, notre indépendance !

L'abbé Pierre a déjà affirmé qu'on « juge un peuple à ses colères ». Or, avec le temps, l'âge et la sérénité, Réjean Thomas craint de perdre sa capacité de s'indigner devant l'injustice. L'indignation a toujours été son carburant pour agir, lutter et vivre.

Jeune, si tu n'es pas touché par une maladie, tu as l'impression d'être immortel. Moi, j'ai tant perdu d'amis et de patients dans la trentaine que, au contraire, je pensais mourir avant 40 ans. Alors je me trouve chanceux d'être encore là, en santé, à plus de 50 ans. C'est un luxe d'être en vie. Je me considère comme un survivant.

L'harmonie des ères

Inévitablement, tout le monde doit faire des deuils en vieillissant : le deuil de sa jeunesse, puis de ses parents, celui de certains amis et de certains rêves... Parallèlement à ces deuils, pour Réjean Thomas, il y a une espèce de sagesse, de compréhension des choses, qu'on peut gagner en vieillissant.

Si tu vieillis bien, si tu acceptes d'abandonner des choses en cours de route, il y a une certaine harmonie qui s'installe entre le corps et l'esprit. Et, ma foi, c'est très agréable à vivre ! (rires)

Malheureusement, il y a des gens qui n'acceptent pas de vieillir. Et je les comprends : j'étais comme eux... avant. J'étais anxieux, inquiet et stressé à l'idée de vieillir, de voir mon corps changer. Mon idéal de beauté était la perfection physique des top-modèles de 20 ans... Je l'ai encore un peu, cette obsession-là. Mais ce n'est plus maladif. L'harmonie intérieure apaise toutes ces souffrances. J'espère que ça va rester comme ça, car cette paix intérieure me fait énormément de bien.

Il y a aussi la libido qui baisse. Heureusement, on pense à autre chose qu'à la sexualité. Les hommes sont très menés par la conquête sexuelle, et les hommes gais le sont doublement puisqu'ils séduisent des gars ayant la même drive *sexuelle! Notre vie, de 20 à 45 ans, est très axée autour de la sexualité, de la séduction, de la beauté, de la drague...*

Puis arrive un moment où tu dois faire peu à peu le deuil de tout ça. Mais — comme la vie est magnifique — ça se fait naturellement! Tranquillement, ta libido baisse, tranquillement, tu attires moins les regards, donc tu pognes moins. Et tu développes d'autres affaires. Tu mets ton énergie ailleurs.

Le deuil de la mère

Parmi ses nombreux deuils, celui de sa mère a sans douté été le plus difficile, le plus important de sa vie.

J'ai réalisé une chose il y a peu de temps, je me sens coupable de le dire, ça semble cruel, mais le décès de ma mère m'a libéré quelque part. Elle avait tellement de grandes attentes envers moi, je ne pouvais jamais la satisfaire. C'était impossible d'être à la hauteur comme fils, comme médecin, comme personnalité publique. Et son refus d'accepter mon homosexualité n'a certes pas amélioré notre relation.

Bien sûr, ma mère me manque beaucoup. Je m'ennuie de nos discussions, de sa présence, de son intelligence. Mais il y avait une telle lourdeur dans nos rapports, surtout à la fin de sa vie avec sa maladie, que c'était devenu difficile. Or, paradoxalement, la mort de ma mère m'a permis de me rapprocher de mon père, de mon frère, de ma sœur. Et je suis très heureux de cela.

Plus jeune, j'étais anti-famille. Je veux dire que j'étais contre l'institution de la famille. La famille m'énervait. Je pensais même que les enfants devraient être élevés par des gardiennes dans des kibboutz comme en Israël! Aujourd'hui, je me suis réconcilié avec la notion de famille, de lien sanguin, de foyer....

Penser par soi-même

À l'été 1994, au plus fort de la crise du sida, Réjean Thomas s'inscrit à un certificat en philosophie à l'Université de Montréal, en compagnie de son ami et ex-collègue, le docteur Clément Olivier.

Nous avons choisi la philosophie pour aborder des questions d'éthique médicale soulevées par le sida. Par exemple, est-ce qu'une femme séropositive peut avoir des enfants même s'il y a risque de transmission du virus ? Quel est notre rôle face à la santé publique ? Jusqu'où va le secret professionnel ? Un médecin doit-il informer le partenaire d'un patient infecté ?

Tant de questions auxquelles les réponses ne sont pas évidentes et qui demeurent toujours sources de débat.

On était au milieu d'une période de grande noirceur et de réflexions difficiles. Alors Clément Olivier et moi avons réalisé que nos cours de philosophie ne nous donnaient pas de réponses... Ils nous ont plutôt fait du bien à nous deux, personnellement, à notre moral. Nous cherchions du soutien professionnel... La philosophie nous a plutôt aidés dans nos vies personnelles. Elle a mis du baume sur nos plaies.

Nous croyons souvent qu'on a tout inventé au XXe siècle. Or, la philosophie nous a montré que les questions d'euthanasie, de mort et de sexualité sont l'objet de débats de société depuis plus de 2500 ans !

Déjà, les Grecs anciens parlaient de suicide assisté et d'euthanasie.

Ensuite, être dans une classe avec des étudiants en première année d'université nous a fait un bien immense. Ils avaient 20, 21 et 22 ans. Ils étaient tous en santé, curieux, enthousiastes. Ils nous ont donné de la lumière. Ces étudiants, contrairement à certains étudiants en médecine, sont là seulement par passion du sujet. Ils sont loin d'être sûrs de travailler un jour dans leur domaine... Mais ils adorent le défi intellectuel que la philosophie apporte. La philo nourrit leur âme.

D'ailleurs, je conseillerais aux jeunes qui veulent se diriger en médecine d'y aller aussi par amour et par passion. Pas pour l'argent. On choisit la médecine parce qu'on est persuadé que la médecine est un métier noble qui fait avancer l'humanité.

Aujourd'hui, Réjean Thomas retient cette maxime du philosophe allemand du XIIIᵉ siècle, Emmanuel Kant : « Penser par soi-même. »[25] Essayer de se faire

---

[25]   Les maximes du sens commun selon Emmanuel Kant : 1) penser par soi-même; 2) penser en se mettant à la place de tout autre être humain; 3) penser toujours en accord avec soi-même. La première est la maxime de la pensée sans préjugé; la deuxième, celle de la pensée ouverte; la troisième, celle de la pensée conséquente.

son propre jugement. Bien s'informer avant se forger une opinion, au risque de ne pas plaire à tout le monde...

La mort en direct

Pour Réjean Thomas, le médecin est un accompagnateur. À ses malades qui voient l'échéance arriver, il lui importe de les rassurer, de les accompagner vers la fin. Mais comment peut-on accepter la mort, mourir l'âme en paix ?

À un moment donné, les souffrances physiques ou psychologiques sont telles que ça provoque une espèce d'épuisement naturel. Et le malade finit par accepter lui-même sa mort. Sans que personne ne lui dise rien. C'est un processus naturel. D'ailleurs, on voit aussi ce genre d'acceptation chez de jeunes enfants malades chroniques qui n'ont plus aucune qualité de vie.

À l'autre bout, il y a aussi des gens qui refusent de partir, qui s'accrochent à la vie ou qui se révoltent. C'est dommage, car il ne faut pas se battre contre l'inévitable quand la mort est certaine. C'est triste à dire, mais, en général, ceux qui ont eu une vie amère vont avoir une mort amère.

Peu importe le drame ou la maladie que tu auras, tu as deux choix dans la vie : te sentir victime et ne pas l'accepter, ou bien vivre avec ta maladie et t'en servir pour grandir. C'est la deuxième chose qui t'aide à mieux mourir. Et on va tous mourir inévitablement. Alors, au lieu d'être dans l'amertume ou la culpabilité, il faut essayer d'atteindre une certaine paix intérieure.

Or, pour la plupart des gens, le pire, ce n'est pas la mort comme telle, mais toute l'inquiétude qui l'entoure. On se demande : que va-t-il m'arriver ? Est-ce que je vais être intubé pendant des mois ? Est-ce que je vais beaucoup souffrir ? Est-ce que je vais perdre l'esprit ?

Comme médecin spécialiste du VIH, et aussi comme homme ayant accepté de vivre son homosexualité au début du sida, Réjean Thomas a côtoyé la mort en accéléré. La Grande Faucheuse fait partie de son quotidien depuis 30 ans, près la moitié de sa vie.

Est-ce que cela m'a aidé à mieux accepter la mort ? À mieux l'apprivoiser ? J'ai de la difficulté à répondre à cette question. Et peut-on vraiment apprivoiser la mort ? Ça dépend de bien des choses : l'âge, la souffrance, la foi... En 2000, la mort de ma mère a été un deuil extrêmement difficile à faire. Elle n'avait rien à voir avec les nombreuses autres morts que j'ai connues auparavant.

Pour en finir avec l'euthanasie

Dans la carrière d'un professionnel de la santé, tôt ou tard, arrive l'inévitable question de l'euthanasie qui divise autant les médecins que la population.

Je l'ai souvent abordée avec des patients. Mais, dans la réalité, si beaucoup de malades évoquent l'euthanasie, très peu se rendront jusqu'au bout. Je me souviens d'avoir fait passer un test rapide de dépistage à un patient. En attendant son résultat, il m'a dit que s'il était séropositif... il allait se suicider ! Or, heureusement, la grande majorité des séropositifs ne se suicident pas, comme la plupart des handicapés apprennent à vivre avec leur handicap.

Ce débat va revenir en force avec le vieillissement de la population. Les baby-boomers vont vouloir mourir dans la dignité. Hélas, les politiciens canadiens refusent d'avoir un vrai débat sur l'euthanasie ou le suicide assisté. Il n'y pas de volonté politi-que de discuter du sujet, parce que c'est un sujet trop brûlant. Comme l'avortement. On laisse les juges décider.

Je suis découragé quand j'entends des groupes religieux condamner l'euthanasie sans faire de nuances, sans regarder au cas par cas. Ces groupes se réjouissaient de voir Robert Latimer en prison pour avoir mis fin aux jours de sa fille handicapée... au lieu de discuter du fond du problème.

Selon le médecin, plus que de la mort, les malades ont peur de souffrir et d'être abandonnés.

Aux Pays-Bas, il y a des critères très stricts pour éliminer les abus des demandes de suicide assisté : le demandeur doit fournir plusieurs avis médicaux, il ne doit pas être dépressif, le diagnostic de sa maladie doit être mortel et irréversible, etc. J'ai déjà eu une demande de suicide assisté de la part d'une femme qui souffrait d'un syndrome de fatigue chronique. Elle m'a dit : « Je viens vous voir parce que je sais que vous êtes ouvert. » Elle se trompait : aucun médecin ne prend la mort à la légère !

Dans les années 1980, j'avais des patients devenus aveugles, incapables de manger, de bouger... Est-ce nécessaire pour eux de vivre deux ou trois semaines de plus dans une douleur atroce ? Et encore, si on s'en occupait comme il faut. Il y a de l'hypocrisie dans le système de santé qui n'offre pas des soins palliatifs aux clientèles lourdes comme les sidéens, ce qui explique la nécessité d'avoir des maisons pour ces personnes qui veulent mourir dans la dignité.

Un vieux problème

Selon Réjean Thomas, le problème, ce n'est pas tant la mort que la vieillesse, tout le processus du vieillissement, car, de nos jours, les gens acceptent plus facilement de mourir que de vieillir. Comme le dit la chanson *Vieillir* de Jacques Brel :

« Mourir cela n'est rien
Mourir la belle affaire
Mais vieillir... ô vieillir ! [...] »

C'est de plus en plus difficile de vieillir, et on vit de plus en plus vieux. La société occidentale valorise énormément la jeunesse, la beauté, la compétition, la performance et l'accomplissement dans le travail. Paradoxalement, il y a de plus en plus de retraités, de personnes inactives, de vieillards malades dont on prolonge la vie dans des centres de soins...

Si tu es vieux, retraité, moins en forme, tu te sens souvent à part, isolé, inutile, seul. Avec l'espérance de vie sans cesse grandissante, certaines personnes ont l'impression de vivre grâce à du temps emprunté.

La solitude des aînés et le vieillissement de la population feront partie des grands enjeux de l'avenir en Occident. Avec le vieillissement de la population, il faudra, tôt ou tard, arrêter de mettre de côté cette tranche de la population simplement parce qu'elle n'est plus active. Il faut voir ça comme un défi collectif et surtout ne pas nier le problème.

Moi, je me considère comme très chanceux, privilégié, avec mon travail. Je me vois soigner des patients encore longtemps. Tant que je vais pouvoir pratiquer la médecine, je vais travailler. Comme chantait Dalida : « Je veux mourir sur scène »ǃ (rires)

Plus sérieusement, même si c'est difficile parfois de ne pas être découragé par l'injustice et par l'état du monde, je ne suis pas pessimiste. Je crois que nous avons les moyens de répondre à nos problèmes. La vie est forte.

Et l'espoir aussi, docteur Thomas.

LE QUESTIONNAIRE DE PROUST
DE RÉJEAN THOMAS

Le questionnaire de Proust est un test de personnalité rendu célèbre par Marcel Proust. L'écrivain français découvrit le test dans une revue anglaise, à la fin du XIXe siècle, mais il ne le reprit pas exactement. Proust modifia le questionnaire à son goût, ignorant certaines questions, en ajoutant d'autres. Le docteur Réjean Thomas s'est prêté avec franchise et amusement au jeu du questionnaire.

Ma vertu préférée ?
La patience.

Mon principal trait de caractère ?
La persévérance.

La qualité que je préfère chez les hommes ?
La beauté.

Chez les femmes ?
La féminité.

Mon principal défaut?
L'impatience... mais je m'améliore beaucoup en vieillissant.

Ma principale qualité?
L'ouverture d'esprit.

Ce que j'apprécie le plus chez mes amis?
La fidélité. La disponibilité.

Mon occupation préférée?
Le travail.

Mon rêve de bonheur?
Prendre ma retraite sur le bord de la mer, écrire et lire.

Quel serait mon plus grand malheur?
La maladie ou la mort dans ma famille, parmi mes proches.

Qui auriez-vous aimé être?
Personne d'autre.

Quel don aimeriez-vous avoir?
La beauté physique.

Ma couleur préférée?
Le beige.

La fleur que j'aime?
La tulipe.

Mes poètes préférés?
Baudelaire. Et parmi les Québécois, Robbert Fortin.

Mes peintres préférés?
Miró, Riopelle, Jean-Paul Lemieux, Corno, Michel Deblois et le peintre acadien Raynald Basque.

Un héros de fiction?
Le docteur Welby

Une héroïne de fiction?
La sœur volante.

Mes héros dans la vie réelle?
Les travailleurs humanitaires.

Qu'est-ce que vous détestez par-dessus tout?
L'intolérance.

Votre écrivain favori?
Albert Camus.

La réforme que j'estime le plus?
L'assurance-maladie.

Avez-vous une devise?
Penser par soi-même.